Extracurricular Reading Enjoyment Quality Improvement

快乐悦读历史知识

最新鲜的百科知识　　前所未有的想象力激发方式　　最酷炫的探秘信息

段姝 编著

经典图书
珍藏版

中国出版集团
现代出版社

图书在版编目（CIP）数据

快乐悦读——历史知识 / 段姝编著 . — 北京：现代出版社，2012. 9（2024.1）
（课外悦读 . 素质提高）
ISBN 978 -7 -5143 -0713 -9

Ⅰ. ①快… Ⅱ. ①段… Ⅲ. ①世界史 - 青年读物②世界史 - 少年读物 Ⅳ. ①K109

中国版本图书馆 CIP 数据核字（2012）第 170374 号

快乐悦读——历史知识

编　　著	段　姝
责任编辑	杨学庆
出版发行	现代出版社
地　　址	北京市安定门外安华里 504 号
邮政编码	100011
电　　话	010 - 64267325　010 - 64245264（兼传真）
网　　址	www. 1980xd. com
电子信箱	xiandai@ vip. sina. com
印　　刷	三河市人民印务有限公司
开　　本	710mm × 1000mm　1/16
印　　张	14. 5
版　　次	2012 年 12 月第 1 版　2024 年 1 月第 9 次印刷
书　　号	ISBN 978 - 7 - 5143 - 0713 - 9
定　　价	59. 80 元

前言 PREFACE

快乐悦读——历史知识

如果有人问你，人类什么时候开始使用火的？汉穆拉比法典是什么？斯巴达克为什么起义？文艺复兴运动发生在什么时间？英国圈地运动是怎么回事？希特勒何时在德国上台，开始建立法西斯专政的？……关于这些历史知识的问题你都能答得出来吗？

历史作为一面镜子，记录着人类社会的成功与失败、兴盛与衰退、辉煌与悲怆、交替与更新，也预示人类的未来。英国哲学家培根曾说，“读史使人明智”。我国唐太宗李世民也说过，以史为鉴，可以知兴亡。

历史，是一幅精彩绝伦的画卷，在画卷中，我们可以看到历史重大事件的清晰脉络，可以看到经天纬地人物的身影与足迹，可以看到异彩纷呈的文化艺术，可以看到辉映古今的政治思想……

了解中外历史，认识一个完整的世界，是古往今来很多人的梦想与追求。然而人类历史是漫长悠远，期间发生的历史事件、出现的历史人物错综复杂，知识更是头绪繁多，难以掌握。为此，我们编写了这本《快乐悦读——历史知识》一书，以解决广大历史爱好者的头疼问题。

《快乐悦读——历史知识》是一本帮助读者朋友快速学习和掌握世界历史的理想读物。编者通过简明的体例和通俗的语言，主次分明、重点突出地将世界历史上万年的重大事件、风云人物、辉煌成就、灿烂文化等鲜活地展现在读者面前，同时全书配入精心挑选、与文字内容相契合的精美图片，使读者朋友感受到世界历史的广博性和震撼力，也能体会阅读带来的乐趣和收获。

另外，我们还设立了“基本小知识”、“趣味点击”等相关链接作为相关知识的辅助阅读，这样既可以增添阅读的趣味性，又有助于历史知识的拓展延伸。

当然，由于编者水平有限，书中难免出现错讹和选取不当之处，请读者朋友理解和原谅，欢迎批评指正。

那么现在，就让我们跟随《快乐悦读——历史知识》，一起欣赏历史这幅美丽的画卷吧！

CONTENTS 目录

快乐悦读——历史知识

KUAILE YUEDU LISHI ZHISHI

近代

现代

远　古

KUAILE YUEDU LISHI ZHISHI

远古时代指的是从人类出现到国家形成那漫长的历史时期，也就是原始社会。这个时代大约经历了160多万年。

人类的出现与劳动有关。人类学会了制造工具，最初是打制石器，后发展到磨制石器。同时在劳动过程中，人们结成几十个人的小群体。在1万多年以前，这些小群体发展成按血亲关系组成的集体——氏族公社，人们过起定居的生活。随着生产的发展，逐渐出现了剩余的产品，产生了贫富分化，进而是私有制和阶级的产生，各社会集团之间矛盾的加剧。这些就促成了国家的出现。原始社会到此终结。

原始人的生活

当古猿从树上走到地面生活，并用石块和木棒作为劳动工具的时候，人类社会就产生了，这个社会就是原始社会，这个时代经历了几百万年。人们最初结成几十个人的小群体，过着茹毛饮血的生活。

氏族公社时期，人们已经能够在磨制的石器上钻孔，装上木柄，制成石斧、石锄和带尖石的枪矛，还发明了鱼钩、渔网，用人工取火和制造陶器。工具的进步，使生活条件大为改善。母系氏族时期，人们能够建筑木结构的房屋，过着定居的生活。后来又培植了小麦、大麦、水稻、玉米等农作物，驯化饲养了狗、羊、猪、牛、驴、马等，原始的农业和畜牧业产生了。父系氏族时期，手工业也发展起来，纺织、陶器制造、榨油、酿酒已成为专门的行业。一些地区的居民开始掌握了金属冶炼技术。

原始人类在生产劳动中创造了语言和文字。语言和文字又促进了人的知识积累和扩大，文化也随之有了发展。原始人类已经创造了最早的绘画、音乐和舞蹈。由于自身能力和认识的限制，图腾崇拜、自然崇拜、祖先崇拜交织一起，构成了原始宗教。

基本小知识

自然崇拜

自然崇拜是以人格化的或神圣化的自然物和自然力等为崇拜对象的自然宗教的基本表现形态。崇拜范围包括天、地、日、月、星、山、石、海、湖、河、水、火、风、雨、雷、雪、云、虹等天体万物及自然变迁现象。

在法国索留斯特有一个悬崖，考古学家在它下面挖出了大量的兽骨，其中最多的是野马骨骼。据说，至少有10万具。这些兽骨有许多被敲碎了，还有烧过的痕迹。专家们推断，这是原始人用投抢围猎的遗迹，由此，我们可以设想一下我们的祖先射猎的宏伟场景。

手持投枪的祖先在草原上看见了野马群。他们藏在茂密的草丛中，对马群形成包围。当他们缩小包围圈以后，就一块儿掷出投枪。枪尖戳进马的身体，有的马受伤倒下，更多的马匹向没有投枪的方向狂奔。前面是高高的悬崖，受惊的马群像决堤的洪水滚滚向前，到了悬崖边也收不住腿了，因为后面的马又冲了过来。一条由马匹组成的瀑布从悬崖上跌落下去。围猎的意外收获，给人们带来丰盛的食物。他们燃起篝火，一面吃着烤熟的马肉，一面唱着、舞着，庆祝胜利。这是大约 1 万年前发生的事情。在那个时候，这当然是一次特别走运的围猎。一般说来，我们祖先的狩猎生活是十分艰苦和充满危险的。他们经常受到猛兽的攻击和饥饿的威胁。因此，原始人必须成群地在一起生活，齐心合力地去猎取野兽。

原始人狩猎图

洞穴是人类最早的房屋，它引起了考古学家很大的兴趣。1879 年，一位西班牙人在西班牙北部的阿尔塔米拉的洞穴中考察，他的 5 岁女儿也跟来看热闹。正当他在洞底挖掘的时候，小女孩突然喊起来："公牛！公牛！"父亲抬起头来，看见洞壁上画着一只中了投枪的野牛，是用黑、红两色画的，栩栩如生，十分逼真。西班牙东南部一个山洞中，也发现了两个射手用弓箭对准两头鹿的精美壁画。起初，

原始人居住的山洞

人们都不相信，这些漂亮的图画竟然会是原始人画的。但是，画上的有些动物是早就灭绝的种类，这使人们不得不承认，壁画的作者大约生活在公元前1万年。他们的绘画反映了人类祖先的狩猎生活。

知识小链接

周口店北京人遗址简介

北京周口店是世界闻名的早期人类发祥地之一。在漫长的历史岁月中，这里曾生活着距今70万年至20万年的北京人、距今10万年左右的新洞人、距今2.7万年前左右至3.4万年左右的山顶洞人。1987年12月1日，联合国教科文组织总干事签发证书，把周口店北京人遗址列入“世界文化遗产”。

火的出现

最初，我们的祖先就像野兽一样，一群群地住在深深的洞穴中。他们采集植物的根茎和野果子，捕捉小动物，靠生吃这些东西过日子。那时候，原始人和大自然斗争的本领还很小，他们常常挨饿，还要躲避猛兽的伤害。实在弄不到食物的时候，甚至还会发生人吃人的事情。我们的祖先并不甘心过这样的苦日子，他们认识着周围的世界，增强自己改造自然的本领。生活也在改善着，不过这个过程实在太长，几千年、几万年也看不出什么大的变化。

直到人类发现了火，并学会使用火以后，他们生活的面貌就改变得比较快了。火对人类的发展起了很大的作用，这一点从许多古老的传说中也能看出来。我国古代流传着燧人氏钻木取火，教人熟食的故事。希腊神话中也有一个给人类带来火种的叫普罗米修斯神的故事，流传甚广。

传说，是普罗米修斯从主神宙斯那里盗取了天火，送给人们以后，人类才学会了用火。

火当然不是普罗米修斯从天上偷下来的。自然界本来就存在着火。但是，在100多万年以前，火还是一种使人类祖先感到害怕的自然现象。

人类是在和大自然的长期斗争中，学会使用火的。

起初，原始人吃够了火的苦头。大火烧毁了他们生活的森林，害得他们四处奔逃。有不少人甚至葬身火海。但是，坏事也能变成好事。一场大火过后，原始人找到许多烧死的野兽。他们毫不费力地填饱了肚子，还有了一个重大发现：烤熟的肉比生肉好吃得多。火的余烬使人感到暖烘烘的，大家都舍不得离开它。火能取暖，这是人们对火的又一个认识。这样，年纪大的人试着把火种引进山洞。他们慢慢懂得，把火种放到枯枝败叶上，会燃起更大的火。丢进去的柴越多，火烧得越旺。火堆使阴冷的洞穴又暖又亮。更使原始人惊喜的是，有了火，和人类抢洞穴的野兽也不敢闯进来了。

被缚的普罗米修斯

人类就这样逐渐学会了用火取暖、照明、烧烤食物和驱赶野兽。世界上最早使用火的人，是生活在一百七八十万年前的中国元谋猿人。原始人在使用火的时候，也逐渐学会了保存火种。50多万年前的北京猿人已经具有管理火和保存火种的能力。

人类制造火，大约是从旧石器时代中期开始的。在打制石器的时候，石头相互撞击，经常会发出火花。一次、两次、千百次，也没有引起人们的注意。偶然，有人用黄铁矿或赤铁矿打击燧石，迸出的火花落在干燥的树叶堆上竟然点着了它。人们受到了启发，找来同样的石块，一次又一次地试验，终于学会了用撞击法取火。到了旧石器时代的末期，人们又发现了摩擦取火，用两块木头相互摩擦，发出火来。这就使火的使用更加方便和广泛了。

有了火，就能经常吃到熟食，这不但增强了人类的体质，促进了人脑的

原始人用火烤食物吃

发达，而且扩大了人类食物的来源。许多豆类，生吃有毒，熟食对人体有益。生鱼很难下咽，用火烧熟就变成美味的食品。

火的使用帮助人们更密切地合作。原始人成群结队外出打猎，有时候会遇见非常凶猛或数量很多的野兽，少量的人很难对付。火就成为一种求援的信号。火光、浓烟把更多的人召唤来参加围猎。这种用火作信号的联络办法，人类曾经长期采用。我国古代，在万里长城上修筑了烽火台，每座相隔一定距离。发现敌人入侵时，一台燃起火把，邻近的一些台上也跟着立即举火报警。这样，就可以很快告诉全线士兵做好准备。直到现代，人们在遇到危难的时候，还常常用火作为一种报警、求救的方法。

最重要的是，有了火，金属的发现和冶炼成为可能了。人类最先学会了炼铜，用铜制造工具。后来，人们无意中把铜矿和锡矿一块儿冶炼，得到了一种更坚硬的合金，这就是青铜。在发现金属铁以前，青铜成了人类用来做工具和武器的最好材料。人们广泛使用青铜的时期，叫作青铜时代。

铜矿、锡矿比较稀少，所以青铜器也不能大量制造。铁矿差不多到处都有，可是冶炼它需要

拓展阅读

火的本质

火是物质燃烧过程中所产生的现象，散发出的光和热，是能量释放的方式。火必须有可燃物、燃点温度、氧化剂三项并存才能生火，缺一不可。根据质能守恒定律，火并没有使被燃烧物消失，只是通过化学反应转变了被燃烧物的分子形态。

很高的温度。所以人们先发明了炼铜，然后才学会了炼铁。

学会制造青铜器和铁器以后，人类征服自然的能力大大提高，特别是铁器的使用，很快改变了人类生产的面貌，推进了古代社会的进步。所以恩格斯把古代民族所经历的铁器时代称为“英雄时代”。

由石器时代过渡到青铜器和铁器时代，火的发现和使用是关键。

氏族制度

氏族制度是以血缘关系结成的原始社会的基本的社会经济单位。它是继原始人群之后，大约产生于5万年前，相当于晚期智人阶段。初为母系氏族，大约在新石器时代晚期开始过渡到父系氏族。

氏族公社是怎样产生的呢？到旧石器的晚期，生产力有了重大的进步，石器除用打击或琢削方法加工外，还采用压削法。骨、角器大量流行，人们所从事的采集、狩猎和捕鱼都有了较大的发展，人类转入了相对稳定的定居生活。同时，人类智力的发展，也使人们意识到兄弟姐妹的婚配对人类体质的危害，近亲之间的婚姻禁例不断扩大，同族人的婚姻受到排斥，于是从血缘婚转入普那路亚（夏威夷语，意即“亲密的伙伴”）婚，即一族的一群姊妹和另一族辈分相当的一群兄弟之间的群婚。在绝大多数场合下族外婚直接导致了氏族的产生。最初的氏族是母系氏族，因为群婚存在的情况下，人们只知其母，不知其父，世系只能按母系来计算，而妇女在采集等经济生活中占重要的地位，这是形成以妇女为中心的母系氏族的重要原因。

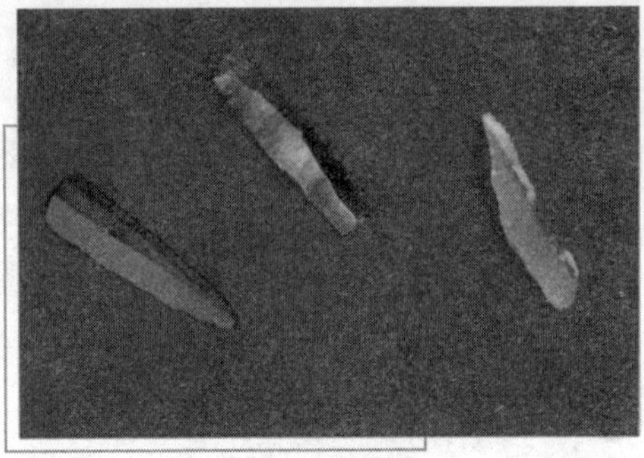

原始工具——针

从一万五千至六千年前，是母系氏族的繁荣时期，也是原始公社制度高度发展的阶段。它是在中石器时代和新石器时代的生产力水平上出现的。中石器时代以弓箭的普遍使用和用细石器制作镶嵌工具为其标志。新石器以磨光和钻孔为其特点。这时人类开始经营原始农业和畜牧业，人类不再单纯地依靠自然的赐予，而是学会了用自己的活动来增加天然物的生产，这就使人们基本定居下来，从而促进了人口繁衍，从一个氏族中派生出别的氏族，氏族组织不断复杂化，使氏族间群婚难以维持而过渡到对偶婚制。当时社会的基本细胞是母系氏族。母权制是氏族制度的典型社会形态。其特征是生产资料氏族公有，氏族成员共同劳动，共同消费，没有剥削和压迫，因而也没有阶级和国家。氏族内采用原始民主制，氏族的最高管理机构是全氏族成员大会，成年男女均可参加和发言，老年妇女的意见尤受尊重，氏族选一名族长管理日常事务，如不称职可撤换。氏族成员有相互援助的义务和血亲复仇的习惯，有共同的墓地和宗教节日。氏族成员有一些个人财产，这些个人财产是供个人使用的衣服、装饰品和日用器具，它们不会成为剥削手段，也不被当作私有财产严加保护。如有人感到缺少某物，自然地到他人那里拿来使用，而其他人也不会拒绝他。北美印第安人中易洛魁人，在近代初期仍停留在母系氏族社会，他们根本不能理解阶级社会的私有土地和买卖土地的现象，他们总是说：“土地是不能买卖的，就像水和火不能买卖一样。”

在母系氏族的繁荣时期，生产固然比以前有很大的进步，但生产力毕竟是低下的，人们在很大程度上还屈服于大自然，忍受着饥饿、疾病和自然灾害的侵袭，原始共产主义原则也从未超出氏族的范围。到了父系氏族社会，随着金属器具的出现，私有制和阶级的确立，氏族制度开始解体。氏族制度是世界各民族所必经的历史阶段。

广角镜

摩梭人与走婚

我国云南省纳西族摩梭人是母系社会，走婚是摩梭人的习俗，摩梭人除了少数因为要增加家庭劳动人口而娶妻或招婿外，基本上没有结婚制度。走婚是情投意合的男女通过男到女家走婚，维持感情与生养下一代的方式。由于母系社会中由女性当家，因此所生下的小孩归母家生养。

上 古

在本书中，编者将最早国家的出现到西罗马帝国的灭亡称为上古时期。在这段时期里，欧洲各国基本处于奴隶制社会，所以有史学家将这个时期的社会称为奴隶社会。但在东方，社会发展则比欧洲快得多，尤其是中国，在这个时期已经开始了封建化进程，最终确立了封建制度，建立了封建制国家。

在上古时期，人类文明较原始社会有了巨大的飞跃，无论是在政治、经济还是在思想文化上，都取得了长足的进步，为人类社会的进一步发展奠定了基础。

私有制、国家产生

新石器时代末期，人们开始使用金属工具，人类经济生活也随之发生变化。在适于经营畜牧业的草原地带，主要以放牧畜群为主要经济活动，农业只起辅助的作用。在适合经营农业的地区，以经营农业为主，畜牧业只起辅助作用，于是产生第一次社会大分工，游牧部落从农业部落中分离出来。随着农业和畜牧业的发展，冶炼金属、制陶等手工业开始成为独立的生产部门，于是产生了第二次社会大分工：手工业和农业分离，之后出现了物品的交换，即直接以交换为目的的生产，即商品生产。随着社会经济的发展，母系氏族为父系氏族所代替，父系氏族的基本经济细胞是家长制大家族（家庭公社），即包括一父所生几代子孙及妻子儿女，生产单位比以前缩小了。

生产力的发展，使人们所获得的产品除维持劳动力的需要之外，还有剩余，这就为私有制的产生创造了条件。剩余产品之转变为私有财产和个体劳动的产生密切相关。犁耕农业和畜牧业，只要少数几个人就能生产必需的生活资料而且有剩余。于是人们逐渐以家庭为单位从事个体劳动，一夫一妻制的一些个体家庭就从家长制大家族内分裂出来。个体劳动要求个体所有。一些家族长或氏族首领通常利用自己对公共财产的管理和支配权，逐步将公共财物占为已有。首先是牲畜、农产品等动产成为私有财产，后来不动产（土地）也变成了私有财产。

阶级是随着私有制的出现而产生的。剩余产品的出现，提供了剥削别人劳动的可能，人们要求吸收新的劳动力以减轻自己的劳动量并生产出更多的剩余产品。战争的俘虏不再被杀死而变成了奴隶。这样，从第一次社会大分工中产生了第一次社会大分裂：主人和奴隶。到第二次社会大分工后，奴隶被成批地用于农业和手工业生产。剩余产品的积累，引起了财产的分化，部落和氏族中最富有的氏族或最富有的家庭形成了部落的贵族，他们凭仗财势，

新石器时代石质工具

欺压和剥削穷人。这样，在父系氏族社会的末期，每一个氏族或部落中都出现了奴隶主和奴隶、富人和穷人、贵族和平民（一般的氏族成员）之间的斗争。最后终于导致原始社会的瓦解和国家的产生。

在以公有制为基础的氏族社会向以私有制为基础的阶级社会过渡期间，曾经产生公私有并存的具有两重性农村公社（或城市公社），随着生产力的发展，公有制进一步被破坏，农村公社便逐渐解体了。在国家产生的过程中曾出现军事民主制（既在不同程度和形式上保留着氏族民主制的因素，又出现了军事首长的个人权力），它使氏族制度转变为统治人民的工具。

国家与氏族的不同特点：一是国家按地域来划分它的国民，而氏族组织则是靠血缘关系来维系的；二是军队、法庭、监狱等暴力机关的设立，这是氏族所没有的。

国家是阶级矛盾不可调和的产物，是阶级统治的机关。国家的出现是原始社会阶段的结束、阶级社会形成的标志。人类历史上最先出现的，是奴隶制的国家。

“禅让制”到“世袭制”

原始社会与奴隶社会之间有一个过渡时期，即军事民主制时期。这个时期，部落联盟内的首领，一般采取推举制度，我国历史上传为佳话的尧、舜、禹的“禅让制”，就是例子。其间，出现过许多冲突和战争，到“大禹传子”、“家天下”的产生，奴隶社会才最后代替了原始社会。

传说祖先黄帝之后，先后出了三个大圣人：尧、舜、禹。他们原来都只是一个部落的首领，后来被推举为部落联盟的首领，负责主持祭祀，管理政事和日常事务，以及处理部落联盟内外的纷争等大事。

尧到老年，部落联盟首领的继承人选问题提到了议事日程。有人推荐尧的儿子丹朱，尧不同意；有人推荐共工，尧开始不同意，但还是让他担任一定职务接受考验，结果不理想。于是大家又推荐舜，尧听了舜的事迹后很高兴，让他做自己的助手20年，又让他代理政事8年，得到了丰富的经验。尧死后，舜正式做了部落联盟的首领。再后来，禹治水有功，得到大家一致的拥戴，舜晚年又让位给禹。这就是所谓“禅让制”。

尧

实际上传为美谈的“禅让制”背后，存在着复杂而激烈的斗争。传说舜即位后立即流放了共工和推荐共工的讙兜，并起用了“尧未能举”的“八元”、“八恺”。又传说舜是夺取了尧的职位，并将尧囚禁起来，不让尧和丹朱父子相见，尧只好向舜屈服。大禹晚年，众人推举皋陶，皋陶先禹而死。后又推荐伯益，但禹不委以重任，所以伯益威望不高。相反，禹却在暗中培植他儿子启的势力。禹死后，启立即与伯益争位，伯益被杀。有扈氏不服，也被启击败。于是，“公天下”的“禅让制”，一变而成为“家天下”的“传子”世袭制。历史上把这一事件称作“夏禹传子”。从此夏王朝建立，我国历史也进入了第一个阶级社会——奴隶社会。

从公天下的禅让制到家天下的世袭制，是我国历史上一次巨大的变革，它标志着奴隶制国家的诞生。这种变革是与生产力和社会的发展相适应的。当时正处于金石并用的时代，传说大禹用天下的贡金（铜）铸九鼎，以及近年发掘到的夏代的铜器，都说明金属工具已进入了人们的生活领域。大禹治水的成功显示了当时战胜自然的能力和生产力水平。禹平洪水前后，畜牧业、农业生产迅速发展，剩余产品的出现，促进了社会的分工、私有制的产生和阶级的分化。黄帝、尧、舜时期部落之间的战争，打破了血缘关系的界限，实现了按地域的互相联合，为国家的产生提供了条件。大禹晚年巡狩会稽，各部落的首领都要持玉帛、宝物进见，防风氏晚到一步，竟被当场处以死刑。史称禹定天下为九州，铸九鼎作为权力的象征，以及皋陶为禹作刑律等，更说明国家机器已经出现。总之，生产力的发展，生产关系的变更，私有制的产生和阶级的分化，这些现象氏族制度再也无法容纳。国家的产生，奴隶社会代替原始社会，已成为历史的必然。

> **你知道吗**
>
> **《禹贡》是大禹写的吗**
>
> 《禹贡》是《尚书》中的一篇，大概是我国古代文献中最古老和最有系统性的地理观念著作。战国秦汉以来，人们一直认为它是禹本人关于治水过程的一部记录。经近人研究确认，《禹贡》大约成书于公元前5世纪前后，即春秋末期和战国初期，基本上是依据孔子时期所了解的地理范围和地理知识编写而成的。

尼罗河上的奇葩——古埃及文明

“埃及是尼罗河的礼物。”这是古希腊著名历史学家希罗多德的一句名言。事实也正是这样，没有尼罗河，就没有埃及这个文明古国，更不用说古埃及文明。

尼罗河穿过非洲东北部，全长6600多千米，它流经埃及的那一段，只占全长的1/6。河流泛滥，一般说来总不是好事。可是，埃及却由于尼罗河的定期泛滥，得到了巨大的好处。每年，当尼罗河发源地——埃塞俄比亚山区进入雨季的时候，尼罗河水就上涨。从7月中旬开始，河水逐渐淹没了埃及的整个盆地。11月末，河水退去，留下肥沃的淤泥，仿佛是大自然给埃及的土地普遍施了一次肥料。虽然，埃及是个终年少雨的地方，但是靠着尼罗河，人们在湿润肥沃的土地上种植庄稼，发展生产，使这里也成为了孕育古代文明的一个摇篮。

埃及是世界上最古老的国家之一，在6000多年以前，这里就出现了许多小的奴隶制国家（城邦）。大约在公元前3100年，埃及建立了统一的奴隶制王国。首都是位于尼罗河三角洲南部的孟斐斯。

古代埃及的国王有避讳的习惯，不许叫他的名字，一般尊称为“法老”。“法老”原来的意思是“大的房屋”。

从公元前3100年到公元前332年马其顿王亚历山大征服埃及的2700多年，是埃及历史上的“法老时代”，一共经历了31个王朝。在这以后，埃及先后处在希腊、罗马和拜占庭帝国的统治下，直到公元640年，阿拉伯人征服了埃及，结束了埃及古代史的时代。

古埃及的历史是奴隶社会的历史。贫民和奴隶以各种形式反对奴隶主的残酷剥削和压迫。在第十三王朝时期（约公元前1785—前1647），爆发了一次大规模的贫民、奴隶起义。虽然起义后来被镇压了，但是第十三王朝受到了沉重的打击，不久就灭亡了。

古埃及人民劳动场景

埃及人在天文学、数学、医学、物理学和建筑学等方面，在世界古代史上是处于领先地位的。那么，对于古代埃及的历史和灿烂的文化，人们是怎样知道的呢？这主要归功于考古学家的努力。

考古学家们大都是通过对

陵墓的研究和考证，来了解古代埃及的历史和文化的。古埃及最初几个王朝的历史情况，因为缺乏文字记载的材料，很长时间没人知道。后来，经过在尼罗河畔的阿比多斯的发掘，考古学家们发现了埃及第一、二王朝许多国王的陵墓。墓顶稍稍高出地面，墓室在地下10—17米的深处。墓内有许多装酒的大瓶，瓶口用尼罗河的泥土和稻草密封，上面盖有国王的印记。这些印记就成了辨明陵墓主人的重要根据。在一个叫泽尔的王陵中，发现了一只手臂骨，上面戴着四只美丽的臂镯。这是当时皇宫里宫女们的装饰品。从这可以知道，埃及成为统一王国的最初200年，已经用宫女，也就是用奴隶来为国王殉葬了，这是埃及进入奴隶社会的证据。

从公元前大约27世纪起，“法老”们开始为自己营造巨大的陵墓。这是一种高大的方锥形建筑物，底座四方形，每个侧面是三角形的，样子就像汉字的“金”字，所以我们叫它“金字塔”。在英文里叫它“锥形体”。

金字塔是用成百万块巨石垒起来的，每块石头平均有2000多千克重，最大的有100多吨重。这些巨石从尼罗河东岸开采出来，再运到河的西岸。这么沉重巨大的岩石是怎样翻山过河堆砌成塔的，到今天仍然是一个没有人能给出圆满答案的难题。

金字塔和地下墓室所用的石块虽然都十分坚硬，能工巧匠还是把它们劈凿琢磨成各种形状，而且使石块之间结合得十分紧密，甚至连锋利的刀刃也插不进去，这显示了古埃及人建筑的高超本领。

金字塔塔底四边长度的平均误差只有2厘米，四个直角的误差也只有0.12°。这表明，古埃及的几何学和测量技术已经达到很高水平，能够精确地测量和计

你知道吗

埃及金字塔最大的是哪一座

大金字塔是埃及第四王朝第二个国王胡夫的陵墓，建于公元前2690年左右。原高146.5米，因年久风化，顶端剥落10米，现高136.5米；底座每边长230多米，三角面斜度52度，塔底面积52900平方米；塔身由230万块石头砌成，每块石头平均重2.5吨，有的重达几十吨。

算长方形、三角形、梯形和圆形面积。

更令人惊叹的，是放置在“地下宫殿”里、经过防腐处理的法老尸体“木乃伊”。在古埃及，不仅法老、贵族的尸体要做成木乃伊，一般平民也有这个习俗。考古学家估计，从第一王朝到第三十一王朝大约2700年中，埋葬在埃及河谷地带的木乃伊就有两亿具以上。古埃及人认为，人死后只有把尸体保存好，不让它腐烂，才能进入天国。

法老的木乃伊制作得非常精致。制成一具，需要70天。尸体的内脏掏空以后填上香料，整个躯体也涂上香料，然后用麻布紧裹，放在用名贵的防腐木材制作的棺木中。穷人制木乃伊，只能用盐水浸泡以后吹干。在古埃及，不仅人的尸体要制成木乃伊，被人当作神崇拜的牛，死后也要做成木乃伊，葬在石墓中。

由于古埃及人保存尸体的高超技术，使得几千年后的人们还能看到古代帝王的容貌。1881年，在尼罗河畔德布斯的一个秘密的悬崖石室中，发现了从公元前1567年到公元前945年的第十八、十九、二十和二十一王朝的几乎全部法老的木乃伊，加上他们的王后、王子，共有40个。这些王朝已经没有财力兴建以前那样的金字塔了。然而，法老的木乃伊还是制作得非常精致。

木乃伊的制作，使埃及人积累了相当丰富的解剖学知识。可在那时候，世界上其他地方的人们对解剖学几乎还一无所知呢。

古埃及人最早使用的文字为象形字。产生于公元前4000年。它由表意符号、表音符号和部首符号三部分构成。表意符号以各种图画为符号来表达一些具体的事物，如“太阳”用一圆形加一点符号表示，“水”用三条波形的横纹表示，“山”画成夹峙河谷的两座山峰表示等。对抽象的词义和较复杂的概念，则用抽象的、但又为人所知的一些图形来表示。如画一个弯腰拄棍的人表示老年的概念，画一象征统治权力的王笏图形表示“统治”等。所有的表意符号都不表示词的发音，于是又用一些图形表示音符。如画一只“篮子”表示“dr”（“边界”）一词，画一只甲虫表示“hpr”（“成为”）一词等。表意和表音符号只有辅音而无元音符号，而相同的几个辅音符号可能有不同的意思，于是又产生部首符号以示区别。部首符号表示词所属范畴，类似汉字的偏旁部首。除少数例外，绝大多数的词都有部首符号。随着现实生活的发展和需要，埃及文字到第八王朝时演化出一种祭司体文字，后来利比亚舍易斯时期又演化为一种世俗体文字，到罗马统治初期再演化为一种科普特文字(即埃及世俗体文字和希腊字母之结合体)。

古埃及象形文字

古代埃及的文字异常复杂，人民群众一般难于掌握，多由祭司和书吏等掌握。因而，随着古埃及的灭亡，这种文字就逐渐被人们遗忘。在希腊罗马人统治埃及的时期，认识这种象形文字的人就很少；到公元 7 世纪阿拉伯人统治埃及时，科普特文字也不再通行，变成了死文字。1799 年法国拿破仑侵入埃及的士兵在罗塞达挖战壕时，发现一块石碑，故称“罗塞达碑”。碑上刻相同内容的三种文字：埃及象形文字、世俗体文字和希腊文，内容为公元前 195 年孟斐斯祭司献给托勒密五世的一篇歌功颂德的文告。当时，希腊文许多人是懂得的，虽然，经过不少人的努力，仍不能弄懂石碑上图画符号的意义。直到 1822 年，法国著名语言学家商博良才把这个谜揭开，他费了 20 年的工夫研究罗塞达石碑，并将它与菲莱岛（在第一瀑布附近尼罗河中）上发现的方尖碑上铭文相参照，辨认出上面 14 个图画符号和一些名字，正确认定，许多象形字只有单纯声音的意义，或是特别字母的符号，并不表示整个词，为读懂一些文句取得重大的突破。

另外，宗教是古埃及文明最重要的组成部分之一，贯穿了整个古埃及历史。古埃及最重要的宗教中心有四个：赫利奥波利斯、孟斐斯、赫尔摩波利斯和底比斯。

巴比伦王国的兴起与衰亡

从埃及渡过苏伊士运河，就登上了亚洲大陆。在亚洲西南部有两条河流平行地向东南流去。西边的一条叫幼发拉底河，东边的一条叫底格里斯河。它们都发源于土耳其境内的亚美尼亚高原，又一块儿流入波斯湾。这两条河和尼罗河一样，在古代东方历史上具有十分重要的意义。大约在公元前 19 世纪，世界文明古国——巴比伦王国就诞生在两河相接的地方。

底格里斯河和幼发拉底河中间的地方叫“美索不达米亚”，意思就是“两河之间”。每年春天，高原地区的积雪融化，这两条河就在美索不达米亚泛滥成灾。特别是下游一带，地势低凹，几乎全被淹没。一个流传到今天的巴比伦神话，生动地反映了这种情形：一位巴比伦国王的祖先梦见他遇到了神仙。神告诉他，洪水就要淹没大地，来惩罚人类的罪恶。因为他一向对神十分虔诚，所以神要搭救他。这个人听从神的吩咐，造了一只方舟，把全家人都搬到舟上，还带了几只动物和一些种子。没过多久，乌云布满天空，黑暗笼罩了大地，狂风暴雨袭来，滔滔洪水淹没了一切生命，只有那只方舟在茫茫无边的水面上漂行。到了第七天，风住了，河水平静下来。这时候，方舟漂到一座山旁，舟上的人把动物放出方舟，将种子撒在山上，大地的生命重新开始了。

巴比伦人在和洪水斗争中，学会了修堤筑坝，开渠造河。当洪水退去以后，他们和埃及人一样，也享受到了河流定期泛滥的好处。泛滥的洪水带来大量淤泥，使两岸的土壤变得十分肥沃。再加上这里阳光强烈，水量充足，庄稼年年丰收。据说，小麦最早就是生长在巴比伦的。

住在巴比伦北面的亚述人十分强悍。公元前 8 世纪，亚述成为一个庞大的军事帝国。巴比伦被它征服了，叙利亚、腓尼基、巴勒斯坦、小亚细亚、埃及，也都先后归入它的版图。除了希腊和意大利，地中海沿岸几乎都被它占领了。亚述的首都叫尼尼微，那里修建了许多宏伟的宫殿。

巴比伦古城遗址

公元前612年，居住在巴比伦的迦勒底人联合东边的米堤亚人进攻亚述。他们手执带血的长矛和盾牌冲进了尼尼微。全城居民遭到屠杀，甚至连儿童也不能幸免。亚述最后一代国王辛沙立希孔和他的宫殿一起被烧成灰烬。从此，这个庞大帝国连同它的首都就从地面上消失了。

底格里斯河边有两堆很大的荒丘，据说是尼尼微的遗址。1845年，英国人拉雅得在这里发掘出两座亚述王宫，发现了著名的带有双翼的人头牛身巨大雕像和许多精美的石版雕刻。后来他继续挖掘，3年中又挖出28座王宫大厅。但是，这里并不是尼尼微，而是亚述的另一个城市，叫卡拉。真正的尼尼微在卡拉以北六七十千米的地方。1849年，拉雅得在这里找到了西努基立王（公元前700多年）的大宫殿遗址。这座宫殿曾经遭到米堤亚人的焚毁。许多刻有图画和楔形文字的泥版还有大火烧过的痕迹。王宫的两间藏书室堆满刻有楔形文字的大大小小的泥版。最大的一块长3米，宽2米多，最小的还不到1寸长，只刻着一两行文字。这些泥版就是2500多年前亚述的图书，内容很丰富，包括历史、法律、宗教和自然科学等方面的知识。过了几年，考古学家拉萨姆又发现了亚述巴尼拔王的王宫大殿和另一处王宫藏书室。藏书室内收藏的泥版文书上，刻有许多关于亚述和巴比伦的神话。亚述的宫殿是由成千上万的奴隶修建的，他们多半是亚述人在战争中掠夺来的俘虏。奴隶劳动的时候，有的带着锁链和脚镣，有的被铁索相互牢牢地系在一起。旁边还有手执武器的兵士监视着。反映这些场面的图画也被发掘出来了。

战胜了亚述的迦勒底人在巴比伦建立了一个新的国家。为了和那个被亚述灭掉的古巴比伦王国区别开，人们把它叫做新巴比伦王国。新巴比伦的国王尼布甲尼撒，把首都巴比伦城建成一座堡垒般的城市。它的规模就是用今天的标准来看，也是非常壮观的。城市是方形的，每边长22.2千米。围绕城市的城墙大约有8.5米高，是用砖砌和油漆浇灌而成的。四匹马拉的战车可以在宽阔的城墙上奔驰。全城有100扇用铜做成的城门。城墙周围还有很深的护城河。幼发拉底河从城墙下流进来，穿城而过。巴比伦城里还有一座很大的皇宫，皇宫内修建了一个“空中花园”，被后世称为世界七大奇迹之一。

基本小知识

古代世界七大奇迹

公元前3世纪，腓尼基旅行家昂蒂帕克写下了七大奇迹：1. 埃及胡夫金字塔；2. 奥林匹亚宙斯巨像；3. 阿尔忒弥斯神殿；4. 摩索拉斯基陵墓；5. 亚历山大灯塔；6. 巴比伦空中花园；7. 罗德岛太阳神巨像。

国王尼布甲尼撒在位期间（公元前605—前562），巴比伦的国力最为强大。他率兵攻打叙利亚，出兵巴勒斯坦，夺占耶路撒冷，灭掉犹太王国，强迫犹太人迁居巴比伦当奴隶，成为“巴比伦之囚”。在晚年，他还侵入埃及。在这几十年里，巴比伦城的人口达到10多万，还有来自亚洲各地的商人，奴隶制经济有了很大发展。但是，在强盛的背后，已经埋伏了危机，被征服的外族人对巴比伦奴隶主的仇恨和反抗不断产生，本族的贫民和农民因破产沦为奴隶，加剧了国内的阶级矛盾，奴隶主阶级内部争权夺利的矛盾也越来越激烈。尼布甲尼撒死后，国内政局立即动荡起来，6年中3个国王被废，其中两个被杀。在东面，力量越来越强大的波斯帝国征

空中花园复原图

服了巴比伦的盟邦米堤亚，对巴比伦形成了大军压境的局面。

巴比伦的奴隶主们忙于争权夺利，纵情享乐。他们以为他们的城墙是那样高大而坚固，谁也攻不破。但他们万万没有想到，敌人会利用穿过城墙的幼发拉底河打进来。一天晚上，巴比伦的一个年轻王子正在举行狂欢宴会。波斯王居鲁士下令在幼发拉底河中修筑了一座水坝，把河水放到坝的一边去。他的军队从另一边放干水的河床中偷偷进到城里，未经交战就占领了巴比伦。

趣味点击 “冒犯上帝的城市”

《圣经·旧约》上说，人类的祖先最初讲的是同一种语言。他们定居在底格里斯河和幼发拉底河之间。后来，他们决定修建一座可以通到天上去的高塔，这就是巴别塔。他们用砖和河泥作为建筑的材料。直到有一天，高高的塔顶已冲入云霄。上帝耶和华得知此事，又惊又怒，认为这是人类虚荣心的象征。于是，上帝决定让人世间的语言发生混乱，使人们互相言语不通。后来人们就把巴比伦叫作“冒犯上帝的城市”。

存在仅88年的新巴比伦王国就这样灭亡了。巴比伦的繁华，巴比伦的奇迹，巴比伦的高墙铜门和它的“空中花园”，都变成了一堆一堆的荒丘废土。

汉穆拉比法典

1901年，法国和伊朗考古工作者，在伊朗的苏萨，挖出一根黑色玄武岩的石柱，石柱高达2.25米，周围约1.5米，石柱的下部，刻着许多像钉头或箭头那样的文字。后来经考证，它不是古波斯文，而是5000年前苏美尔人创造，后为巴比伦人广泛使用的楔形文字，刻的全是法律条文，共282条，故亦称“石柱法”。

这根石柱发现时已断成三截，但拼起来还是完整的。其中有35条条文已

汉穆拉比法典

被磨损，后在亚述巴尼拔的藏书中发现法典泥版的抄本，才把它补上。石柱的上方，刻着两个人的浮雕像，坐着的是太阳神沙马什，右手握着一根短棍，叫作“权杖”，是统治权力的标志。站着的是汉穆拉比，他双手打拱，好像在朝拜。这个浮雕，象征着汉穆拉比从太阳神那里接受了司法权力，来统治世上的人民。汉穆拉比是3700多年前古巴比伦王国最强盛时的一个国王，这部法典据说是他执政30年后下令公布的，它原置于巴比伦城的马都克神庙，约在公元前12世纪，被埃兰人所掳掠，千里迢迢地把这根大石柱带到伊朗的苏萨。现在它保存在法国巴黎的卢浮博物馆。

法典内容的楔形文共49栏，3600行，8000余字。它可分前言、正文、结语三部分。前言和结语主要宣扬他的权力来自神授，称颂他的文治武功，立法是为了“发扬正义于世”，并诅咒敢于破坏他的法典的人。

基本小知识

卢浮博物馆

卢浮博物馆，是世界上最古老、最大、最著名的博物馆之一。位于法国巴黎市中心的塞纳河北岸（右岸），始建于1204年，历经800多年扩建、重修，达到今天的规模。卢浮宫占地面积（含草坪）约为45公顷，建筑物占地面积为4.8公顷。全长680米。

正文282条，可归纳为如下几部分：

(1) 关于审判的规定（1—5条）：反对诬告以及对法官、证人的贿赂行为。第二条反映一种有趣的古老审判方式，如一方控告另一方若提不出证据，则投之于幼发拉底河，交河神审判，如被溺毙，证明有罪，其房屋归原告一方所有；否则，原告予以处死，其房屋归被告所有。

（2）关于保护私有财产的规定（6—126 条）。

（3）关于婚姻、家庭与财产继承（127—195 条）。

（4）关于人身保护和“同态复仇法”（196—214 条）。

（5）关于劳动、报酬、工具和责任事故的追究（215—241 条），内有人医和兽医；理发师、建筑师、船工等。

（6）租赁牲畜、船只以及佣工和报酬（242—277 条），这部分提到 8 种手工业的工人，反映当时的手工业有很大的发展。

（7）关于奴隶（278—282 条）。

奴隶是主人的工具和财产，不属于人的范畴，不受法律的保护。这是汉穆拉比法典的基本思想。

《法典》的基本特征是对奴隶主给予法律的保护。杀死或伤害奴隶不算犯罪，只要赔偿奴隶主的损失了事（213—214 条、219 条）；盗窃或隐藏他人奴隶者处死（15—16 条）；消除他人奴隶标记者断指或处死（226—227 条）；殴打自由民或反抗主人的奴隶处割耳之刑（205 条、282 条）。

《法典》具有的另一特征是保留原始的“同态复仇法”，即以眼还眼，以牙还牙。例如规定建筑师设计的房屋倒塌，若压死屋主，建筑师处死，若压死房主之子则处死建筑师的儿子。用这种办法大概是为解决上层自由民之间的纠纷。

此外，《法典》反映自由民内部也存在森严的等级制度。法典中全权的自由民称“阿维鲁”；另一部分无权的自由民称“穆什金努”，在政治上和法律上处于无权的地位，实行“法有贵贱”、“刑有等差”的法律。

汉穆拉比法典是迄今所发现的人类历史上第一部比较完备的成文法。在实行君主专制和神权政治的古巴比伦社会里，能出现这样一部多少体现一点法制精神的奴隶主阶级的法典是不容易的。汉穆拉比法典是研究古巴比伦历史的珍贵史料。

波斯帝国一统四方

“我是居鲁士，宇宙的王，伟大的王，强有力的王，巴比伦的王……世界四方的王……”

这个居鲁士，就是前面说过的那个未经一战就拿下巴比伦的波斯王。他进入巴比伦城以后发布了一个安民告示，古代史上叫做“居鲁士文书”。“文书”的开头就用了上面的一连串头衔。

居鲁士是波斯帝国第一个著名的国王。他登上王位以后，逐步统一了伊朗高原上的各个部落，在公元前550年建立了波斯帝国。攻陷巴比伦城以后，他把波斯首都移到这个城市。公元前529年，居鲁士在波斯东北部和游牧民族作战时阵亡了。他的儿子冈比西继承了他的王位，在公元前525年征服了埃及，扩大了帝国的版图。

正当冈比西远征埃及的时候，波斯的本土爆发了僧侣高马达领导的政变。高马达长得和冈比西的弟弟巴尔迪亚有些相像。冈比西早就把自己的弟弟暗地里杀死了，他一直不敢让别人知道。高马达利用了这一点，自称是王弟巴尔迪亚，打着“居鲁士之子、冈比西之弟”的旗号，吸引许多人跟

拓展阅读

居鲁士之死

居鲁士究竟是怎样死去的，始终是个历史之谜。据古代希腊历史学家希罗多德的记载，居鲁士在占领巴比伦之后，转而向西北进军，以图降服中亚的游牧民族。这是“蛮人”（非希腊人）所进行的“最激烈的一次战争”。波斯军队大部分战死，居鲁士本人也战死在疆场。战斗结束后马萨革泰女王托米丽斯为报子仇，用革囊盛满人血，然后在波斯阵亡者的尸体中间找到居鲁士的尸体，将其首级割下放在她那只盛血的革囊里。

随他。公元前 522 年 4 月，高马达夺取了王位，宣布减免赋税徭役。各地人民纷纷起来响应。冈比西听到这个消息以后，急忙返回波斯，不料却在途中突然死了。

居鲁士画像

不久，一个贵族的儿子，名叫大流士，起兵讨伐高马达。结果高马达被杀死，各地起义也被镇压下去。大流士成了波斯王，称为大流士一世。

大流士做了国王（公元前 522—前 486）以后，继续对外进行侵略战争，把附近的许多国家和部落都征服了。波斯成了一个疆土十分辽阔、国势十分强盛的大帝国。它的版图东边到达印度河，西南包括整个埃及。黑海、爱琴海、地中海、里海、咸海、红海、波斯湾和印度洋的波浪，拍打着波斯帝国的海岸。为了统治这个庞大的帝国，大流士把苏萨、爱克巴坦那、巴比伦、帕赛波里斯 4 个城市作为首都。他一年四季轮流在这 4 个首都发号施令。

大流士把帝国分成若干行省，设总督治理。为了防备总督反叛，他还派出许多人去监视他们。每个总督的一举一动，大流士都能很快知道。如果某个总督企图谋反被发现，他的皮就要被剥下来，铺在总督坐的椅子上，来警诫他的继任人。

为了便于迅速调动军队和发展帝国贸易，大流士十分注意修筑大道，把首都跟各个行省联结起来。最大的一条路从苏萨通到爱琴海海岸，有 2500 千米长，这就是波斯著名的“皇道”。皇家的信使在“皇道”上骑着快马来往奔驰。他们采用接力赛的方法传递紧急文书。一个信使飞马急驰 20 千米，把文书传给在路边等候的另一个信使，这个信使再传给前面的人。步行需要几十天的路程，信使 3 天就可以到达。

由于波斯的交通发达，沿途又派有士兵保护商旅行人免遭抢劫，波斯和印度以及地中海各国的贸易很快就发展起来了。据说，水稻和孔雀就是在那个时候从印度传入波斯的。

知识小链接

水稻的起源

栽培稻起源于野生稻。世界上栽培稻有两个种，即亚洲栽培稻，又称普通栽培稻和非洲栽培稻。前者普遍分布于全球各稻区，后者现仅在西非有少量栽培。亚洲栽培稻的祖先是广泛分布于东南亚的多年生宿根性的普通野生稻。国内外文献关于亚洲栽培稻的起源地有种种说法。有主张起源于印度的，有主张起源于中国的，还有主张起源于沿喜马拉雅山南麓的印度萨姆邦、尼泊尔、缅甸北部、老挝和中国西南部的。说法不一。

每年，大流士从各行省勒索大量黄金，铸成金砖，保存在皇宫金库里。他还第一次铸造和使用金币。金币的一面是一个弓箭手，另一面是他本人的头像。这种金币叫作“大流克”，直到现代仍然被世界各国古币收藏家看作珍品。

波斯宫殿遗址

大流士向被波斯征服的各国人民强迫征收沉重的贡税，还逼迫波斯本土的农民奉献给他丰富的礼物。靠着对各地人民的残酷压榨，大流士过着极其豪华奢侈的生活。他调集埃及、巴比伦、腓尼基和其他地方的能工巧匠，为他建造宏伟的王宫。王宫里面的奴仆多达 1.5 万人，卫队由1000骑兵和上万步兵组成。大流士平时吃的是从各行省进贡来的奇珍佳肴，穿的是绣着金丝的大红袍。他的臣下都不敢走近他，生怕自己的呼吸冒犯了这个“众王之王”。

为了巩固自己的统治，继续对外扩张，大流士还建立了强大的常备军，自己担任最高统帅。但是，只靠武力维持的国家是注定要灭亡的。公元前6世纪上半叶，大流士和后来的几个国王多次发动侵略希腊的战争，结果都遭到惨败，这对波斯的军事优势是一个十分沉重的打击。在以后的100多年里，波斯境内被奴役人民的反抗斗争此起彼伏，一直没有中断，使帝国的势力一天天衰落下去。公元前330年，巴尔干半岛中部的马其顿国王亚历山大的军队打败了波斯军队，庞大的波斯帝国灭亡了。它一共存在了220年。

广角镜

大流士与琐罗亚斯德教

琐罗亚斯德教是流行于古代波斯及中亚等地的宗教，中国史称祆教、火祆教、拜火教。该教认为阿胡拉·玛兹达是最高主神，创造了物质世界，也创造了火，即“无限的光明”，因此琐罗亚斯德教把拜火作为他们的神圣职责。大流士一世执政后，为了统一波斯的需要，独尊阿胡拉·玛兹达。其后继者常自称为阿胡拉·玛兹达的使者，声称神的意志通过皇帝宣示人世。

佛教诞生记

公元前6世纪进入列国时代以后，一种反对种姓特权，主张“众生平等”的新宗教——佛教便应运而生了。

佛教的创立者释迦牟尼出生于公元前566年。他原名叫乔达摩·悉达多，是印度北部小国迦毗罗卫国王净饭王的太子，属刹帝利种姓。释迦牟尼家庭生活优越，但他从幼年起就体察到人生有生、老、病、死等种种苦痛，决心要探索一条摆脱苦难的途径。

释迦牟尼佛像

29 岁时他出家修行，到摩揭陀都城王舍城附近的森林中向隐居的婆罗门请教，冥想苦修了 6 年之久还是没有得道。他的父王派去给他做护卫的 5 个家臣已觉无望，舍下太子到波罗奈斯附近的鹿野苑去了。释迦牟尼毫不动摇，来到城郊尼连禅河中沐浴，又喝了村中牧牛姑娘送他的乳粥，这才恢复了元气。他来到近处一株巨大的菩提树下盘腿而坐，静悟得道。他成道之后，先到鹿野苑说法，称“初转法轮”，并重新收下他的 5 个家臣做门徒。此后辗转南北各地布道 45 年，直到 80 岁时才死在拘尸那迦城附近的希拉尼耶伐底河边的两棵娑罗树下，他的信徒称之为“大般涅槃”，并尊称释迦为“佛陀”（“觉者”）。释迦牟尼创道的故事当然有许多传说的成分，但佛教的创立是有深厚的社会基础的，这却是千真万确的事。

由于佛教主张众生平等，不需要特殊的祭司引导，只需自己独身修行，就可望达到涅槃境界，并且不主祭祀，不崇拜偶像，传教用通俗的摩揭陀方言，又不排斥低种姓的人入教，所以受到下层群众的广泛欢迎，很快流行起来。

佛陀创立的佛教以“五蕴”、“十二因缘”、“四谛”、“八正道”为其主要教义，直到公元前 4 世纪形成部派佛学之前，统称为“早期佛教”。公元前 486 年释迦去世后不久，在摩揭陀悉苏那伽王朝的国王阿阇世的赞助、主持之下，佛陀的信徒们在都城王舍城附近集会，把佛陀留下的教义教规和有关论述加以整理，称为“第一次佛典结集”，参加者共有五百比丘（“比丘”意译为“乞士”，因形式上靠施舍度日而得名）。他们初步编定了三类佛教经典：

经（教义）、律（戒律）、论（阐述），合称“三藏”，其中经、论二藏包括五部阿含经。据说这五百比丘后来都成了罗汉，这就是后来佛教寺庙里五百罗汉的来历。到公元前 376 年在吠舍离举行第二次佛典结集时，僧团内部因对教义和戒律的意见分歧而分裂成上座、大众两部，开始形成部派佛学。

基本小知识

种姓制度

种姓制度是印度与其他南亚地区普遍存在的社会体系。种姓制度以婆罗门为中心，划分出许多以职业为基础的内婚制群体，即种姓。种姓分四等，即婆罗门（僧侣和学者）、刹帝利（武士和贵族）、吠舍（手工业者和商人）、和首陀罗（农民、仆役）。

商汤建国，商纣亡国

商族是由一个很古老的部落发展而来的，它的祖先契，曾协助大禹治水而有功于世。契传十四代至商汤，正值夏桀在位期间，当时商的力量还处于发展之中，是夏朝的属国。

商汤即位之后，社会生产迅速发展，完成了向奴隶制的转变，逐渐形成了与夏朝的对峙局面。夏桀曾把汤囚禁在夏台，后迫于诸侯们的反对，才释放了他。商汤回国后，假意臣服，坐观其变。同时任用伊尹、仲虺等贤臣，励精图治，积蓄力量，积极进行灭夏的准备。不久，夏桀的荒淫生活和残暴统治，激起了人民的反抗。商汤乘机发兵攻夏，与夏桀大战于鸣条。夏桀惨败，逃至南巢，不久死去，商汤班师回朝，即位为王，建立了商朝。

商朝大约有 600 年历史，从商汤建国至商纣王亡国，共传十七代，三十一王。

以盘庚迁殷为界线，商朝的历史可分为前后两个时期。盘庚迁殷前的 100 多年内，商王朝由内乱而衰落，诸侯背叛，王都 5 次迁徙。盘庚即位，为了

商 汤

巩固王权，打击贵族，经过准备和动员，迁都于殷，为商王朝找到了最理想的定都地点。从此，商朝进入一个新的历史时期。武丁继位后，政治经济文化都得到空前发展。他不拘一格地选拔人才，从而得到了贤相傅说，实现了“中兴”。武丁在位 59 年，对四周的方国和部落进行长期征伐，打败了土方、鬼方和“荆楚”，消除了一些强悍部落的威胁，使中原的奴隶制文化进一步发展。武丁时期，商朝的疆域和政治影响，东至海滨，西达秦陇，东北到辽宁，南逾长江，是当时世界上最大的国家之一。

商代是我国奴隶制的发展时期，劳动人民创造了灿烂的物质和精神文化。世界著名的“司母戊”大方鼎，是商代青铜器的杰出代表。甲骨文的出土，使我国有文字可考的历史上溯到三四千年前。商代的农业、畜牧业、手工业、纺织业空前繁荣，天文、历法、气候、医疗等科学知识都处在当时世界的前列。商朝是当时最先进的文明古国之一。

司母戊大方鼎

奴隶制的残酷剥削和压迫引起了奴隶阶级的反抗。商王朝为了维护奴隶制统治，建立了中央和地方的统治机构。商王自称“余一人”，中央有“殷正百辟”（百官），地方有“殷边侯甸”（诸侯）。左、中、右“三师”

是其军队的称呼；还有“汤刑”，刑法据说有300条之多。惨无人道的人殉和血祭，充分暴露了血淋淋的阶级压迫。

商纣王即位，更加倒行逆施。史书记载，商纣王聪明能干，能言善辩，力量过人。同时，他又刚愎自用，摒弃贤良，拒绝臣谏。商纣王好大喜功、长期发动对外战争，特别是对江淮一带的东夷，倾全国兵力进行了征伐。虽然取得了胜利，并有一定的历史进步作用，但是连年的战争给人民带来了无穷的灾难。商纣王是历史上有名的荒淫无耻、贪得无厌的暴君。他用重税盘剥的钱财装满了方圆三里、高过千尺的鹿台。把从各地搜刮来的粮食装满了巨大的钜桥仓库。整天沉溺在女色之中，对宠姬妲己言听计从。用“炮烙”之刑残害百姓，搞得天怒人怨，危机四伏。广大平民的破产和奴隶的反抗，说明商纣王时期阶级矛盾的加深和激化，不少奴隶主贵族的被杀和出走，说明统治阶级内部的分裂。此时，西方兴起的周朝抓住这一时机，起兵伐纣，推翻了纣王的统治，商朝灭亡。

拓展阅读

武王伐纣与《封神演义》

《封神演义》，俗称《封神榜》，又名《商周列国全传》、《武王伐纣外史》，为明代陈仲琳（一说是许仲琳）所作，约成书于隆庆、万历年间。全书共一百回，以姜子牙辅佐周室（周文王、周武王）讨伐商纣的历史为背景，描写了阐教、截教诸仙斗智斗勇、破阵斩将封神的故事。

希腊神话

当亚非大陆上先后建立起许多奴隶制国家的时候，欧洲大陆南端的希腊也进入了奴隶社会。希腊是欧洲历史悠久的古国。古代希腊包括巴尔干半岛南部、爱琴海诸岛和小亚细亚沿岸等地方。

希腊神话中的许多生动有趣、发人深省的故事，反映了希腊人在原始社会阶段对大自然和人类社会的模糊认识，表现了他们征服自然的愿望和克服困难的勇气。

希腊人心目中的神仙不住在天国，而是住在希腊北部的奥林匹斯山上。这座山海拔 2900 多米，并不算很高。可是在古代希腊人看来，它就算世界上最高的山了。那云雾缭绕的山上，就是神仙居住的地方。所以，希腊人把那些神仙叫作奥林匹斯山的众神。

希腊人认为，这些神都具有人的性格和人的感情，甚至过着像人间一样的生活。神穿着华丽的衣裳，佩带漂亮的武器；既享受家庭的欢乐，也排解同胞之间的不和。他们相处的时候，打架吵嘴是常有的事。有的也会钩心斗角、尔虞我诈。神和人不同的地方，只在于神是永生不死的，比人更有力量。把神比拟为人，神和人同形同性，这是希腊神话的一个特点。

你知道吗

奥林匹斯十二主神都有谁

奥林匹斯十二主神，是古代希腊神话传统崇拜的诸神中的主要神只。这些神只以宙斯为中心，居住在奥林匹斯山上。而在这十二位主神里，有十位一定会出现，他们分别为：宙斯、赫拉、波塞冬、阿瑞斯、赫耳墨斯、赫淮斯托斯、阿佛洛狄忒、雅典娜、阿波罗及阿尔忒弥斯。赫斯提亚本来是十二主神之一，但因为她向往自由，她把她的主神位置让了给狄俄尼索斯；德墨忒耳有半年的时间为了要与她在冥界的女儿珀尔塞福涅一起生活，会把她的主神位置让给冥王哈德斯。

古代希腊人认为人间的幸福和灾害都是神给的，所以在希腊神话中，既有像普罗米修斯那样造福人类的神，也有像宙斯那样残忍专横的神。无所不能、威力无边的宙斯，不但残酷地惩罚了普罗米修斯，还把灾难带给人类。他创造了美女潘多拉，让她带着一只金盒子来到人间。在这以前，人类既没有过分的辛劳，也没有疾病的痛苦。但是，潘多拉打开盒子以后，里面装的疾病、疯狂、罪恶、嫉妒等祸患就一齐飞了出来。从此，不幸和灾难充满了人间，“潘多拉的盒子”也被用来比喻灾祸的根源。

智慧女神雅典娜是宙斯的女儿。不过，她不是妈妈生的，而是从她爸爸脑袋中出来的。有一天，宙斯忽然头痛难忍，就命令火神用斧子劈开他的脑袋。这时候，全身披挂铠甲的雅典娜猛地从宙斯脑袋中跳了出来。因为孕育雅典娜的是宙斯的脑袋，她就成了智慧之神。希腊人对雅典娜十分尊敬。希腊首都雅典就是以她的名字命名的。她成了雅典的保护神。

火神赫淮斯托斯又叫武尔坎，是一个跛脚铁匠。他整天在铁匠铺干活，他的技艺高超，是工匠的始祖。他的铁匠铺在一个山洞中，熊熊不灭的炉火和青烟从山上冒出来，就像一座爆发的火山。

还有著名的太阳神阿波罗。古希腊人想象他每天早上驾着太阳战车，从东往西驰过天空。这就是太阳从东方升起，在西方落下的原因。

爱神阿佛洛狄忒，又叫维纳斯，是最受人喜爱的一位神。她的儿子丘比特是一个带有双翼、身背弓箭的胖娃娃。丘比特射出他的金箭，中箭的人不是死亡，而是享受恋爱的幸福。可是谁中了他的铅箭，就要失去爱情。

奥林匹斯山的众神中，还有一个受小偷崇拜的贼神——海尔梅斯。他是众神的信使。他的帽子和套鞋上都带着翅膀，手上拿的魔杖上也有两个翅膀。他刚生下不久，就悄悄地爬出摇篮，偷走了太阳神的 50 头神牛。他把树叶、树枝捆在牛蹄和自己的脚上，赶着牛群倒走。这样就神不知鬼不觉地把牛偷走了。

希腊神话中，关于英雄的故事最为出色。这些英雄是神和人所生的半人半神，他们都具有非凡的智慧和超人的力量，经常帮助人们去战胜那些凶兽恶鸟、妖魔鬼怪。英雄们的所作所为，反映了古希腊人和大自然的艰苦斗争以及他们战胜自然的力量和智慧。

神勇无敌的海格立斯是希

趣味点击

武仙座的由来

武仙座，北天星座之一，在全天 88 个星座中，面积排行第五。在希腊神话中，该星座代表英雄海格立斯，他接受迈锡尼国王尤里斯修斯的命令，执行十二项艰难的任务，其中两项分别是杀狮（狮子座）和杀龙（天龙座），所以在星空中武仙座的右膝着地，左脚就踩在天龙座的头上。

腊神话中最伟大的英雄。普罗米修斯就是他解救出来的。海格立斯杀死了啄食普罗米修斯肝脏的鹫鹰，使这个为人受难的勇士得到了自由。海格立斯一生中，到处灭妖除害。他曾经擒狮斩蛇，捉妖牛，除怪鸟，还到世界尽头取来了金苹果。

海格立斯在寻找金苹果的途中，路过利比亚，遇到了巨人安泰，两人搏斗起来。起初，海格立斯几次把对手摔倒在地。可是，安泰一旦从地上爬起来，浑身又充满了力量。原来，安泰只要身不离地，就能从大地母亲身上不断吸取新的力量。因此他所向无敌，击败了所有和他格斗的人。但是，海格立斯利用了安泰不能离开大地母亲这个致命的弱点，把安泰高举过头，使他不能再从大地得到力量，然后在空中将他扼死了。

忒修斯是类似海格立斯的又一个英雄，他除掉了危害行人安全的拦路大盗普洛克路斯忒斯。这个坏蛋有两张床，一张很长，一张又很短。碰到外乡人到他那里投宿，他就请高个子的睡到短床上，然后砍去那人伸出床外的双腿。矮个子的被招呼到长床上躺下，普洛克路斯忒斯用力将他拉长，直到其气绝身死。忒修斯以其人之道还治其人之身，他把这个身材高大的强盗按倒在短床上，将他的肢体砍断，使他十分痛苦地死去。

忒修斯杀死怪物

忒修斯最大的功劳是替雅典人杀死了吃人的牛头怪物。这个怪物住在一座迷宫里，每隔 9 年要雅典人送去少年男女各 7 人供他食用。忒修斯决心为大家解除这个灾难。他自告奋勇和另外 13 个少年到迷宫去。杀死怪物并不是一件难办的事，使忒修斯发愁的是怎样离开那难以走出的迷宫。可巧，那里的一位姑娘爱上了忒修斯。她给他一个线团，让他把线头拴在迷宫的门口，带着线团走进宫里。这样，忒修斯将怪物杀死以后，就用手中的线指示方向，走出了迷宫。

忒修斯回到雅典，登上王位。他命令修建雅典城，并且统一了全国。希腊人认为他是雅典国家的奠基人。

古希腊人远渡重洋，寻找金、钢等金属的艰苦经历，也反映在神话中。据说，一群英雄到高加索的科尔希达寻找金羊毛的故事，就暗示着古代的黄金是在科尔希达开采的。

英雄们为了找到金羊毛，一路上克服了许多艰难险阻。他们在海上航行，要通过两座漂浮的巨大山岩。可是，只要在漂岩之间出现任何东西，它们总是立刻合拢起来，然后又马上分开。英雄们想出了一条妙计。他们把船驶近山岩，放出一只鸽子，让它从两座山岩中间飞过。山岩飞快地靠近，猛烈地相撞在一起。不过，鸽子还是安全地过去了，只折断了尾巴。这时候，漂岩又分开了，英雄们便乘机迅速地从它们中间穿过。

广角镜

人身牛头怪迷宫新发现

据2009年英国《每日邮报》报道，在希腊克利特岛一家采石场地下发现的精心开凿的地道网络可能就是囚禁传说中人身牛头怪的神秘迷宫。地下洞穴网络位于克利特岛南部格尔蒂镇附近，由于弥诺斯宫殿就位于20英里（约合32千米）外的克诺索斯，这个地下洞穴被认为就是人身牛头怪迷宫。

英雄们还路过一个长满花草的海岛，这里住着一群女妖。女妖常常用美妙的歌声诱惑来往的航海者，然后将他们害死。当女妖的甜美歌声传到英雄们的耳中，他们也不由自主地停下船来，侧耳细听。但是，一个叫作俄耳甫斯的英雄没有受迷惑。他站起身来，一面弹动竖琴，一面唱起动人的曲子。他的乐声是如此优美，不仅使人倾倒，而且使猛兽俯首，顽石点头。女妖们也听入了神，眼睁睁地放走了英雄们。

希腊神话中还有一个关于妖怪斯芬克司的有趣故事。斯芬克司长着美女的头，狮子的身子。她蹲在一座悬崖上面，要过路的人猜她的谜语。猜不出，她就把人撕成碎片吞下去。英雄俄狄浦斯决心除掉这个害人的恶鬼。他自愿到斯芬克司那里猜谜。妖怪问他："什么东西早晨四只脚，中午两只脚，晚上三只脚？"俄狄浦斯微笑着回答："这是人哪！在生命的早晨，人还是幼小的孩子，只能用手脚爬行。在生命的中午，他已长大成人，用两脚走路。人到了老年，走不动路，就拄着拐杖作为第三只脚。"斯芬克司听完，又羞又恼，跳崖死了。

古代希腊人创造的许多这样优美动人、具有不朽魅力的神话，经过几千年的流传，已经成为全人类共同的文学财富。人们讲述着这些故事，把它编成戏剧上演，根据它提供的素材，创造出精彩的雕塑和绘画。有的故事还逐渐演变成典故和成语，被人们经常引用。

英雄的赞美诗——《荷马史诗》

特洛伊是小亚细亚西北部的一座古城，公元前12世纪末，古希腊人曾经远征到这里，和特洛伊人进行了10年战争。喜欢神话的希腊人也把这场战争写入神话了。

希腊联军攻陷小亚细亚特洛伊城的战争，深深地激动了希腊人民的心。它那传奇式的情节，广泛流传着，并逐渐增添了不少神话和传说，又经民间艺人加工润色，约在公元前11—前6世纪，特洛伊战争的故事终于产生了两部叙述体长诗《伊利亚特》和《奥德赛》。传说史诗是由盲诗人荷马进一步地精心提炼编撰而成，故称为《荷马史诗》。

史诗描写希腊人远征特洛伊的"英雄"故事，语言流畅生动，构思精巧严密，人物性格突出，在欧洲被视为英雄史诗的典范。在史诗的艺术描写中包含着真实的历史内容。19世纪末以来，考古学和古文字学的新发现已不断证明，史诗中许多引人入胜的描写，给历史和考古研究提供了有价值的材料。

《伊利亚特》全诗共15693行。公元前3世纪，古希腊文法学家齐诺多特按希腊字母将全书分为24卷。《伊利亚特》意思是"伊利翁的故事"或"伊利翁之歌"。事实上全诗所包括的内容比它的标题要狭窄，只写希腊人跟小亚细亚的特洛伊人战争第十年最后51天的故事。希腊联军中的主将阿喀琉斯是一个英勇善战、屡立奇功的英雄。他跟希腊联军统帅阿伽门农，为争夺一个女战俘而争吵，因此而拒绝出战。特洛伊人就在这时直冲希腊人的军营。正在危急的时刻，阿喀琉斯的战友帕特洛克罗斯穿戴阿喀琉斯的甲胄挥军前进。特洛伊人见阿喀琉斯的甲胄，以为他本人来了，立刻向后溃退。但当帕特洛克罗斯逼近特洛伊城门时，特洛伊王子赫克托耳——一位智勇双全的将领发现穿阿喀琉斯甲胄的那个希腊将领并非阿喀琉斯本人。他出其不意地冲上前去，杀死了帕特洛克罗斯，夺去阿喀琉斯的甲胄，特洛伊人直向希腊人杀来。战事紧急到了顶点。阿喀琉斯决心为战友复仇，重新参战。工艺之神赫准斯托斯为他赶制了一身最好的甲胄，阿喀琉斯披挂上阵，战局开始变化，杀得特洛伊人望风披靡，而且阿喀琉斯亲手杀死了赫克托。希腊人为帕特洛克罗斯举行隆重的葬礼。特洛伊王宫也为其英雄赫克托举行隆重的葬礼。《伊利亚特》全诗就这样结束了。

《伊利亚特》史诗

《奥德赛》全诗共12110行，后来也被分为24卷。主要叙述特洛伊战争后，伊塔刻岛（属爱奥尼亚群岛）的国王奥德赛还乡途中遇险，经10年海上漂流才回到伊塔刻岛，和儿子一起粉碎一帮贵族子弟的阴谋，终于和妻子团圆，重新做了国王的故事。从全诗来看，奥德赛历险还乡的故事有两条发展线索：

一是写奥德赛回乡途中海上历险，反映了当时人类和大自然的矛盾。奥德赛以自己的勇敢和机智，战胜狂风恶浪，智斗吃人妖精，拒绝女巫求爱。这些兴风作浪的神怪在他的面前都无能为力。和《伊利亚特》相比，《奥德赛》反映了当时社会的发展，知识的进步，表现了古希腊人相信人的力量能够战胜命运的新的精神面貌。

二是伊塔刻岛发生的一系列冲突。奥德赛外出期间，当地一些贵族少爷跑到奥德赛家里去，向他的妻子求婚，企图取得他的财产和权力。奥德赛的妻子相信丈夫一定会回来的，拒绝了贵族少爷的要求。这些贵族少爷却天天到奥德赛家里去大吃大喝……奥德赛知道情况之后，扮成一个乞丐回到家里，与儿子一起，终于设法除掉了所有在他家中胡作非为的贵族子弟。奥德赛不仅是部落首领，而且代表了新生的社会力量，他和求婚者的斗争是新生的奴隶主和旧的氏族贵族的斗争，说明希腊社会奴隶制关系正是在氏族制度的解体过程中发展起来。

你知道吗

什么是“阿喀琉斯之踵”

阿喀琉斯是古希腊神话中一位颇有独立意识的近乎完美的英雄，其唯一的致命缺陷就是他的脚后跟。据说他在出生后，被他的妈妈海洋女神抓住脚后跟倒拎着在冥河里浸过一遍，全身得以刀枪不入，而没有浸到冥河之水的脚后跟就成了他身上唯一的弱点。在后来的特洛伊之战中，所向无敌的阿喀琉斯终于被一支阿波罗之箭射中了脚后跟，从而丢掉了自己的性命。后来，人们就用“阿喀琉斯之踵”来形容令人致命的弱点。

荷马史诗是世界古代文学的名著，许多世纪以来始终是千百万读者喜闻乐诵的诗篇，特别对后世欧洲文学有很大的影响。史诗流传至今，已翻译成几十种文字。我们不仅要从文学的角度来欣赏荷马史诗的艺术之美，而且要从史学的角度去了解荷马史诗的价值，史诗正是在瑰丽多彩的故事和神奇怪诞的幻想背后，反映了公元前 11 世纪—前 9 世纪多利亚人、爱奥尼亚人、伊奥尼亚人的经济生活、社会制度、意识形态

趣味点击

雨果对荷马的评价

一部杰作已经成立，便会永存不朽。第一位诗人成功了，也就达到了成功的顶峰。你跟随着他攀登而上，即便达到了同样的高度，也绝不会比他更高。哦，你的名字就叫但丁好了，而他的名字却叫荷马。

等方面的内容，是我们研究希腊从氏族制度过渡到奴隶社会的主要史料。因此，通常把希腊历史的这一时期称为荷马时代。

希波战争

希波战争是指公元前492—前449年以雅典为首的古希腊诸邦与波斯帝国之间所进行的战争。它主要由于波斯帝国的军事扩张和蓄意西侵而引起的。战争经历了两个阶段，持续了近半个世纪，以希腊胜利而告终。

公元前6世纪中期，波斯帝国侵占了小亚细亚西部沿岸的希腊城邦；公元前513年，波斯远征欧洲，企图征服多瑙河下游游牧部落西徐亚人，最终虽然失败，却进一步控制了色雷斯，截断希腊与黑海的交通，严重威胁了希腊半岛诸邦的安全和利益，其中特别是雅典的生存和商业利益。因此，希波之间矛盾加深，战争不可避免。

公元前500年，小亚细亚的希腊城邦米利都发生了反抗波斯统治的起义，要求斯巴达和雅典派兵支援，雅典和埃雷特里亚派25艘战舰相助，波斯镇压了米利都人起义后，借口雅典和埃雷特里亚曾支援米利都，出兵希腊，发动了这次战争。

希波战争

战争的第一阶段（公元前492—前479年），公元前492年，波斯派海陆大军沿色雷斯海岸向希腊进军。水路在阿陀斯海角遭风暴覆灭，陆军受色雷斯人的袭击，第一次远征失败。

公元前490年，波斯发动了第二次远征，从小亚细亚横渡爱琴海，攻占埃雷特里亚，继而南进，直攻中希腊的阿提卡半岛，在距雅典城东北40多千米的马拉松平原登陆。在这万分危急的形势下，雅典动员了所有公民，甚至把奴隶也编入军队，此外还得到小城布拉底千名援兵，共万余人，面对传说的10万波斯军，由米太雅德率军应战。雅典军队占据有利地形，列长方阵，以主力集中于两翼。两军战斗时，雅典中军后撤，而两翼则突破波军的弓箭射击，致使波斯军阵容大乱，雅典军队乘胜追击，波斯终于失败。马拉松战役成为古代战争史上以少胜多的范例之一，这一胜利有力地鼓舞了希腊人胜利的信心。此役胜利后，米太雅德派一名善于长跑的士兵斐迪皮德回雅典城报捷，斐迪皮德抵城后，只说了“我们胜利了”一语，就因跑得太急而死去。后世为纪念此事，举行马拉松赛跑。

此后10年双方紧张备战。公元前480年，波斯动员了更多的兵力，第三次远征希腊。波斯军渡赫勒斯滂海峡后，分水陆两路进攻。希腊联军推选斯巴达国王为统帅，陆军以斯巴达为主力，海军以雅典为主力，与波斯军决战。当波斯军占领了北希腊向中希腊进发时，斯巴达国王列奥尼达斯率300斯巴达战士扼守温泉关（德摩比利），英勇抗战，后因叛徒投敌，被波斯军包抄，众寡悬殊，除因故不在战场的两人外，全部阵亡，表现了高度的爱国主义精神。温泉关失守后，波斯军南下直驱阿提卡，攻占了居民事先已全部撤离的雅典城。这时，以雅典舰队为主力的希腊海军，对比了敌我情况，选择了狭窄的萨拉米斯海湾作为战场，用计引诱波斯舰队开入海湾。多于希腊3—4倍体大的波斯战舰运转不灵，希腊人遂掌握了战场的主动权。在小巧玲珑的希腊舰只的猛烈攻击下，波斯舰只不是自相撞沉，就是搁浅在沙滩上，几乎被

你知道吗

马拉松长跑的全程距离是多少

马拉松是国际上非常普及的长跑比赛项目，分全程马拉松，半程马拉松和四分马拉松三种。以全程马拉松比赛最为普及，一般提及马拉松，即指全程马拉松。马拉松全程距离26英里385码，折合为42.195千米（也有说法为42.193千米）。

希腊海军全部歼灭。波斯的陆军主力也退回北希腊。次年，希腊联军又击败了留驻的波斯陆军，继而又在小亚细亚的米卡尔海角击败了波斯的海军。第一阶段的战争遂以波斯的失败而告终。

战争的第二阶段（公元前 479—前 449 年），希腊已失去自卫性质，而转化为双方争夺爱琴海霸权的战争。波斯军被逐出巴尔干半岛后，公元前 478 年，雅典向黑海海峡进攻，占领赫勒斯滂北岸的要塞塞斯托斯，又与爱琴海各岛和小亚细亚各邦组成海上同盟。雅典陆军在小亚细亚的欧律墨冬河口附近大败波斯军，海军在地中海塞浦路斯岛东海岸也大败波斯军，波斯已无力再战。公元前 449 年，雅典派全权代表卡里阿斯签订了和约，波斯放弃对爱琴海和黑海一带的统治，承认小亚细亚西岸希腊诸邦的政治独立。雅典从此成为爱琴海上的霸主，希波战争结束。

希波战争是小国联合起来打败大国的范例。在主要的第一阶段战争里，希腊人之所以取胜，原因在于他们进行的是正义的自卫战争，有一支士气高昂的军队，加上战略战术上也较为机动灵活。波斯之所以失败，因为他们进行的是非正义的侵略战争，他们的军队无斗志，劳师远征，不熟悉地形，补给困难，加上指挥不当，波斯表面上的强势必转化为弱势。通过这次战争，希腊解除了波斯帝国对它的军事威胁，获得了自由和独立。

广角镜

爱琴海名称的由来

爱琴海是地中海的一部分，位于希腊半岛和小亚细亚半岛之间，南北长 610 千米，东西宽 300 千米。关于爱琴海名称的起源有各种解释：1. 源于古爱琴城；源于一位名叫爱琴的亚马逊女王，她葬身于海中；2. 源于忒修斯王子的父王爱琴斯，他误以为忒修斯死了，心碎地跳海自尽。

“诸子百家”和“百家争鸣”

诸子百家是指我国春秋战国时期在学术思想领域所出现的许多学派。这些学派的创始人或有名的继之者以及他们的代表著作，统称诸子，因其学说名家很多，故泛称百家。将诸子中的各个学派，按其学说主张的不同，分成为许多家，这是从汉代司马谈开始的。他在其《论六家要指》一文中，提出了阴阳、儒、墨、名、法、道等六家，并辨其优劣短长。在他以后，刘向、刘歆父子校理群书时，著有《七略》，把诸子分成十家。班固编撰《汉书》时，就据《七略》而成《艺文志》，其所列诸子十家。除司马谈已列举的六家之外，增入的有纵横家、杂家、农家和小说家。作者在序言中说：“诸子十家，其可观者，九家而已。”可见习称的百家，真正见诸史书不过数十家，其中著名仅只数家而已。各家学派之间，互相驳难，称己之长，揭彼之短，于是就出现了一个生动活泼的百家争鸣的局面。

儒家创始人孔子

为什么在春秋战国时期会出现百家争鸣的局面呢？这是由当时的特定历史条件所形成的。春秋战国之际，是我国由奴隶制社会过渡到封建制社会的重大历史转变时期。随着社会制度的变革，阶级关系发生了很大的变化，出现了错综复杂的政治局面。腐朽的奴隶主贵族日趋没落，新生的封建地主阶级逐渐兴起，其他阶级和阶层也在不断分化，重新组合。这种复杂的阶级关系反映到上层建筑的思想领域，于是就出现了诸子百家。他们各自代表着一定阶级或阶层的利益，提出了各种不同的学说主张，于是就出现了百家争鸣。当时，各诸侯国在兼并战争中，为了壮大自己的势力，欢迎各个学派的人去为自己出谋划策，以致主政掌权。正如李斯所说的“诸侯并争，厚招游学”。各学派的游说之士不仅可以自由争鸣，而且还可以通过这个途径在社会上建立自己的声誉，甚至取得高官厚禄。既然有这种名利双收的好处，又何乐而不为呢！可见在当时不仅允许百家争鸣，而且鼓励百家争鸣。这就回答了为什么在我国春秋战国时期，会出现一个学术文化繁荣昌盛的局面的主要原因之所在。

诸子百家的学说，代表着各个不同阶级和阶层的利益，因而其观点和主张往往是针锋相对，彼此好像水火不相容。但是它们既产生在同一历史时期的中华大地，它们彼此之间又互相影响，前后吸收，共同促进。就拿儒家来说，在孔子创立该派时，其政治思想是主张复周礼，带有较多的保守性质。后来儒家分为八派，其中以荀子为代表的一派，主张礼治与法治并重。到他的学生韩非，专主法治，成为法家的集大成者。而法家中关于术治的主张，实际是从道家的人君南面术发展来的。可见法家是吸取了儒、道二家之长，而成为新兴地主阶级专制集权的政治理论基础。

拓展阅读

春秋战国分界线

关于春秋战国断代，历来说法不一：一般史学界以三家分晋、田氏代齐为春秋战国分界线。也有以《春秋》绝笔之年鲁哀公十四年（公元前481）为春秋下限；或以周元王元年（公元前475）为战国始年，或以周贞定王元年（公元前468）为战国始年等。

百家争鸣的局面，随着秦始皇的统一六国，建立了封建的中央专制集权国家而结束。但由百家争鸣带来的我国古代学术思想的繁荣，仍在我国文化史上留下了光辉的篇章。

伯里克利和雅典

希波战争以后，希腊迎来了历史上最强盛、最繁荣的时期。有人把这个时期叫做希腊的“黄金时代”。在希腊的各个城邦中，最能反映这种强盛和繁荣景象的，是伯里克利统治下的雅典。

公元前480年，雅典海军在萨拉米斯湾大败波斯。为了继续对波斯作战，雅典和爱琴海各岛、小亚细亚沿岸一带的希腊城邦，组成了一个“提洛同盟”(因同盟会议的地址在提洛岛而得名)。雅典海军在同盟中占绝对优势，它有300艘三层三列桨的大船，战船数目超过其他盟邦所有战船的总和。同盟重大事务的决定权，也完全操纵在雅典手中。雅典不但掌握了爱琴海上的霸权，并且把它的势力伸入地中海和黑海沿岸一带，成了一个海上强国。

伯里克利

随着海上势力的扩张，雅典奴隶主从爱琴海的落后地区获得了大量奴隶。这些奴隶价格低廉，离家乡又很远，不容易逃亡。所以，雅典一向发达的工商业各个部门、各个行业都广泛使用了奴隶劳动。奴隶数量很快增加起来。有的奴隶主拥有几百以至上千个奴隶。整个雅典的奴隶曾经达到40万人，占了人口的绝大部分。

由于奴隶制发展，在雅典各种行业的作坊里，出现了一定的技术分工。制陶器的作坊里，有的奴隶专做土坯，有的奴隶专管绘彩。在金属器作坊里，铸造的、看炉子的、管风箱的，也都各有分工。这使得各种物品（特别是陶器）的制作越来越精美，产量也大大提高了。

奴隶的血汗创造了雅典繁荣的经济，给奴隶主带来了安逸快乐的生活。可是，奴隶仍然不过是奴隶主的“会说话的工具”，只能牛马似的听从使唤和遭受打骂。因此，在雅典繁荣、强盛的景象背后，隐藏着尖锐的阶级矛盾。奴隶的反抗和逃亡经常发生。公元前413年，曾经有将近2万奴隶集体逃亡，沉重地打击了雅典的经济。

那时候，雅典的当权人物是著名的政治家伯里克利。所以，希腊的“黄金时代”又叫做伯里克利时代。伯里克利出身贵族，是奴隶主阶级中的一个比较有见识、有才干的人。希腊历史上流传着许多关于他的美谈。特别赢得人们称赞的是他的民主作风。

拓展阅读

伯里克利的名言

我们城市的大门是向世界敞开的。财富对于我们不只是自负的本钱，而是成事的机会。我们不以承认贫穷为耻，但若不努力加以克服，倒真正是是堕落。

我们的国体之所以被称作民主，是因为权力不是被少数人掌握，而是被所有人民所掌握。当私人纠纷产生时，所有人在法律面前一律平等。

伯罗奔尼撒战争

雅典和斯巴达，这两个希腊最强大的城邦都想打败对方，称霸希腊。雅典成为海上强国以后，一直威胁着斯巴达。它企图控制从东方到西方所有的贸易通路，还想把盛产粮食的西西里岛夺到手。斯巴达也不肯让步，早就把伯罗奔尼撒半岛上的大多数城邦组成同盟，要和雅典见个高低。雅典的民主派憎恨斯巴达的军事贵族独裁统治，支持斯巴达国内反抗贵族的势力。斯巴达的贵族讨厌雅典的民主制度，也帮助雅典贵族派进行反对民主派的斗争。这样，两个城邦的冲突越来越厉害，一场争夺希腊霸权的战争终于爆发了。这场战争从公元前431年开始，到公元前404年结束，打了27年。因为是以斯巴达为首的伯罗奔尼撒同盟首先进攻，所以，这场战争被称为伯罗奔尼撒战争。

交战的头十来年，双方各有胜败。公元前415年，雅典的一位将军亚西比得提出新的作战计划。他极力鼓吹远征西西里岛，攻占支持斯巴达的叙拉古城。雅典人接受了这个主张，建立了拥有100艘三层舰的庞大舰队，亚西比得被任命为指挥远征的三将军之一。

出征这天，战鼓频敲，号角长鸣，司仪官带领全军官兵念诵祈祷文，求神保佑他们打胜仗。在用金杯装的水酒敬献战神以后，舰队在一片颂歌中起锚了。这时候，亚西比得将军得意洋洋地站在甲板上，向送别的人们挥手告别，脸上浮过阵阵微笑。

广角镜

三列桨座战船

古代地中海文明，尤其是腓尼基人、古希腊人和罗马人所用的战船。战船每边有三排桨，一个人控制一支桨。公元前7世纪—前4世纪，快速和敏捷的三列桨座战船，占地中海军舰的主导地位。在波斯战争中，三列桨座战船发挥了至关重要的作用：建立了雅典的海上帝国；在伯罗奔尼撒战争，导致她的衰败。

原来，在出发的前一天，雅典城内的海尔梅斯神像全被打坏了。一些反对远征的人散布谣言说，这是一贯不敬重神的亚西比得指使人干的。面对反对者的挑战，亚西比得毫不畏缩。他是一个追求名利、野心勃勃的人，早就想通过西西里远征的胜利，使自己名扬希腊。他决心和那些阻碍他远征的人斗个高低，就要求公开审判这件事。如果证明是他亵渎了神灵，他服罪；否则，他就要控告诬陷他的人。这样一来，亚西比得得到了多数雅典人的信任，因为他们不同意为这件事而延误出征。

但是，事情的发展完全和亚西比得的愿望相反。他离开雅典不久，公民大会又通过决议，要召回他进行审判。战舰“萨拉米亚”号被派到西西里传达这个决议，并且奉命把亚西比得随船押回雅典。

正在指挥战斗的亚西比得听到这个消息，大为愤怒。起初，他决定回雅典为自己辩护。可是，后来他察觉自己的处境已经十分危险，就在回雅典的路上潜逃了。雅典的公民大会对亚西比得进行了缺席审判，判处他死刑。亚西比得听到这个判决以后，咬牙切齿地说："我要让他们知道我还活着！"一怒之下，他竟然逃到斯巴达，向敌人投降了。斯巴达人十分高兴地欢迎他，认为这是神意要雅典失败。

这时候，在亚西比得的心目中，只剩下一个报仇的念头。为了报私仇，他背叛了自己的祖国，不惜使雅典遭受被斯巴达人打败的屈辱。他向斯巴达人献上两条计策：一是要他们赶快派海军到西西里岛，去解救被雅典人包围的叙拉古城；二是要他们从陆上出兵，占领雅典城北 20 千米的狄克利亚高地，封锁雅典的对外通道。

这两条计策都很奏效。雅典被斯巴达人封锁以后，疫病流行、饥荒严重。2 万多名奴隶乘机逃到斯巴达人那边去了。

在西西里岛上，眼看叙拉古城就要被雅典人攻破。可是，斯巴达人的援军使战局发生了变化。斯巴达人打败了雅典的海军，接着又使已经在西西里岛登陆的 4 万雅典陆军陷入绝境。雅典重甲兵的盔甲武器本来是由奴隶来扛的，现在，这些奴隶都逃到叙拉古人那边去了，重甲兵只好自己扛武器，这就大大影响了战斗力。所有的通道又都被叙拉古人封锁了。东面有轻甲兵设下的埋伏，往西走，又遇到骑兵的阻击，雅典人一天只能走 7

拓展阅读

希腊方阵战术

希腊方阵战术大约在公元前 7 世纪左右诞生，公元前 4 世纪，马其顿国王腓力二世和他的继承者亚历山大将其发展到顶峰，基本队形变为手持 6 米长枪的 16 人纵队、并有骑兵和排成松散队形的轻步兵掩护配合。各兵种有机结合成原始的多兵种混成部队，在亚历山大王的东征中发挥了巨大的威力。

千米。

战斗进行了7天，雅典人终于投降了。所有的人都被变卖为奴隶。指挥雅典军队的两个将军也被杀死。西西里远征的惨败，决定了雅典人在伯罗奔尼撒战争中的败局。

那个投靠斯巴达人的亚西比得在西西里战役以后，和斯巴达人的关系也不好了。斯巴达人怀疑他怀有阴谋。亚西比得只得离开斯巴达，后来在小亚细亚被人刺死。

伯罗奔尼撒战争最后以雅典的失败而告终。但是，受到战争危害的是整个希腊。古希腊历史学家修昔底德说，这次战争“给希腊带来了空前的祸害和痛苦。从来没有这么多的城市被攻陷，被破坏，从来没有过这么多的流亡者，从来没有丧失这么多的生命!”战争使希腊的经济遭到严重破坏，各大城邦无论胜利或失败，都没有力量恢复过去的繁荣了。从此，希腊就走向了衰落。

“狼孩”传说与罗马起源

古罗马的首都，就是现在意大利的罗马城。据传说，罗马城是特洛伊的英雄伊尼亚的后裔建立起来的。大约公元前8世纪，在意大利中部第伯河出海口附近，定居着一些来自特洛伊的移民。第伯河畔的拉丁姆区是土质肥沃的平原，适宜农作物的生长。伊尼亚的儿子在这里建立了一座城镇，王位代代相传。后来王族中发生王位之争，国王的弟弟阿穆留斯生性残暴，野心很大，杀死当国王的哥哥和侄子，篡夺了王位。阿穆留斯当权后，最担心的是他哥哥的后代将来报仇，虽然他已把王位的合法继承人——他的侄子杀死了，但他哥哥还有一个女儿，名叫雷丝雪丽薇。他想，如果侄女结婚生育，将来必定会造成后患，就强迫侄女去当祭司。

不久，雷丝雪丽薇生了一对双生子。国王阿穆留斯立即派人去把当祭司的侄女找来，对她进行严厉地审讯。雷丝雪丽薇把这孪生兄弟的父亲说成是

狼孩传说

战神马尔斯，国王大怒，下令处死她，并派一个奴隶把两个婴孩扔到第伯河里去。受命的奴隶把两个婴孩放在一只篮子里，丢弃在叫做巴拉丁的山冈上。这时第伯河正在泛滥，河水不断上涨，眼看就要吞没篮子里的婴孩。可是最后婴孩竟安然无恙，原来篮子被挂在河边的大树上，传说这是战神马尔斯保佑了他们。两个婴孩饥饿已极，他们的哭声引来了一只到河边喝水的母狼，它来到两个婴孩的身边，用自己的乳汁哺养他们，这就是“狼孩”。一天，有个牧人路过，看见狼洞前有两个小男孩，觉得很奇怪，就把他们带回家去抚养，并且给他们取了名字，一个叫罗慕路斯，一个叫勒莫。随着岁月的流逝，兄弟俩长大成人，他们勇敢机智，练就了一身好武艺，被周围的牧人们拥戴为领袖。

后来罗慕路斯和勒莫知道自己的身世后，决心除掉狠毒的阿穆留斯。他们带领一支由牧人组成的队伍杀死了阿穆留斯。兄弟俩报仇雪恨后，决定在牧人发现他们的地方建立一座新城。两人在建城过程中发生争执，哥哥罗慕路斯一怒之下竟杀死了弟弟勒莫。新城建成后，罗慕路斯成为

广角镜

真实存在的“狼孩”

1920 年，在印度加尔各答东北的一个名叫米德纳波尔的小城，人们常见两个用四肢走路的“像人的怪物”尾随在三只大狼后面。后来人们打死了大狼，在狼窝里终于发现这两个“怪物”，原来是两个裸体的女孩。其中大的年约七八岁，小的约两岁。这两个小女孩被送到米德纳波尔的孤儿院去抚养，还给她们取了名字，大的叫卡玛拉，小的叫阿玛拉。到了第二年阿玛拉死了，而卡玛拉一直活到 1929 年。

该城的最高统治者，并用他自己的名字把这座城命名为罗马城。根据公元前 1 世纪罗马学者发禄的推算，罗马建城年代为公元前 754—前 753 年，古罗马人以此作为建国纪年。但是，历史学家一般都不承认这种传说有历史的真实意义。

根据考古资料，拉丁姆地区从公元前 1000 年代初起就有人居住。罗马城的出现约在公元前 8—前 7 世纪。拉丁平原的土地肥沃，灌溉便利，有发展畜牧业的牧场，又地处交通要冲，逐渐成为意大利各部落聚居的地方。这些部落中主要的一支便是拉丁人。罗马城建立的过程，就是以巴拉丁山丘为中心，逐渐联合其他山丘而形成“七丘同盟”的过程。

秦始皇统一天下

秦始皇像

秦始皇（公元前 259—前 210），姓嬴，名正（通常作政），13 岁即王位，22 岁（公元前 238）时开始亲理国政。秦始皇一生的活动是多方面的，但主要是实现秦朝统一中国的大业。

战国末年，随着农业、手工业、商业的发展，各地区之间的经济、文化交往日益密切。“四海之内若一家”，各地联系明显加强，为统一提供了必要的物质基础。为了摆脱兼并战争给社会带来的灾难，广大农民、手工业者渴望统一，商人和地主阶级中的许多人，也希望有一个安定的环境。当时的秦国，改革比较彻底，政局稳定，经济发展，军事力量雄厚，拥有的疆土已远远超过了山东六国所剩地盘的总和。加之秦又有秦王政、李斯、蒙恬、王翦等一批有作为的人才，因此，秦具备了统一六国的各种条件。

统一是历史发展的需要。秦始皇充分运用已经具备的各种有利条件，抓住时机，进行了统一六国的战争。公元前230年，秦首先灭掉最弱的韩国，打通了进军中原的要道。接着降赵王，攻下邯郸。秦破赵后，燕面临着被灭亡的危险。燕太子丹为了抗秦，派荆轲借向秦王政献图约降的机会，刺杀秦王。当秦王接见荆轲，打开地图时，“图穷而匕首见”。荆轲以匕首刺秦王，未中，被当场肢解而死。荆轲的行刺激起秦王的震怒。他立即派王翦大举伐燕，下蓟城，燕王只得杀太子丹以求和。此后，秦先后灭了魏、楚。公元前221年秦清除了燕、赵的残余势力，突然发兵攻齐，几乎没有遇到什么抵抗，便攻入临淄，灭了齐。

秦从公元前230年起，至前221年止，前后仅用了10年时间，便统一六国，结束了春秋战国以来的分裂割据局面。

秦统一六国之后，建立了我国历史上第一个统一的专制主义中央集权的封建王朝。秦王政改“王”号为“皇帝”，除谥法，自称始皇帝。为了巩固统治，秦始皇采取了一系列治理政治、经济、文化的措施。其中最主要的有：接受李斯建议，废分封，普遍推行郡县制。统一货币，规定黄金为上币，以镒（二十两）为单位，圆形方孔铜钱为下币，文曰半两，重如其文。统一度量衡，规定凡是与国家颁布的度量衡标准器不符合的均不得使用。统一文字，以整齐的小篆为标准文字，以简易的隶书作为通用文字。此外，还拆除以前各国留下的城郭关塞，修筑交通要道，这对巩固统一无疑是有益的。

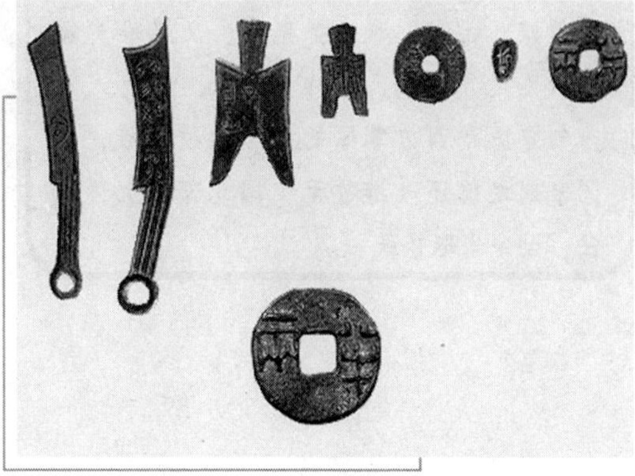

秦半两

秦始皇统一中国，还包括对部分边远地区的统一和开发。当时，我国东南和岭南一带，居住着古老的越民族，其中有东越、闽越、南越、西瓯，合称“百越”。秦始皇灭楚后，即征服了东南沿海一带的东越与闽越。后又调集50万大军，发动了统一岭南的大规模战争。为了解决运输军需物资的困难，秦始皇令监御史禄在今广西兴安县北修凿灵渠，沟通了湘江和漓江的交通。秦统一岭南后，设置南海、桂林、象郡三郡，大大加强了这里与内地的联系。当时我国北方有一个古老而强悍的游牧民族，就是匈奴族。战国后期，匈奴进入奴隶社会，奴隶主贵族经常向内地进行侵扰和掠夺。为了解除威胁，秦始皇派蒙恬北击匈奴，收回了今河套南北的广大地区，并设置了郡县。又将过去秦、赵、燕三国的旧长城连接起来，修筑了闻名于世的万里长城。

秦的统一，有利于经济文化的发展，加强了华夏族（汉族的前身）与各少数民族之间的联系，在历史上产生了极为深远的影响。我国封建社会曾经以高度发展的经济和文化，屹立于古代世界文明的前列，为人类做出了伟大贡献，与我国很早就建立了统一多民族的国家，有着密切的关系。在实现统一的过程中，秦始皇的作用是应该被肯定的。秦始皇有功也有过，但对统一中国所做的贡献，却是主要的。他是我国古代有作为的杰出政治家。

广角镜

匈奴起源之谜

《史记》记载：“匈奴，其先祖夏后氏之苗裔也，曰淳维。”部分学者认为匈奴原是山戎、猃狁、荤粥。王国维把匈奴名称的演变做了系统的概括，认为商朝时的鬼方、混夷、獯鬻，周朝时叫作猃狁，春秋时的戎、狄，战国时的胡，都是后世所谓的匈奴。还有一说，把鬼戎、义渠等史籍中所见之异民族，统称为匈奴。还有人认为匈奴应是西方草原的一个游牧民族，战国末期之前还未游牧至中国北部。上述看法，至今未取得统一。

楚汉之争

楚汉之争，是项羽和刘邦为争夺天下而进行的一场战争。

项羽（公元前232—前202），名籍，下相（今江苏宿迁）人，本是楚国贵族的后裔。刘邦（公元前256—前195），字季，沛县（今江苏丰县）人，在秦朝曾做过属于地方小吏的泗水亭长。他们先后都参加过反对秦朝暴政的斗争。秦朝灭亡后，在二者之间形成了争夺农民大起义胜利果实的两大政治集团。

项羽雕塑

公元前206年，项羽自称“西楚霸王”，定都彭城（今江苏徐州），同时割裂天下，分封了十八个诸侯王。其中，刘邦被封为汉王，统辖巴、蜀、汉中地区。项羽的分封，不仅没有起到巩固自己霸王地位的作用，反而遇到了一些掌握重兵的诸侯王和没有受封的将领的强烈反对。

当初，楚怀王与项羽、刘邦曾约定“先入定关中者王之”。可是，刘邦先入咸阳，却未能称王关中；相反，项羽还用秦将章邯等人三分关中为王，以堵塞刘邦东进的道路。这一切使刘邦大为怨恨，因而从为汉王起，他就准备与项羽比试高低，一决雌雄。

刘邦入汉中，不过数月，就以韩信为大将，暗度陈仓（在今陕西宝鸡），

刘邦像

回军关中，从而揭开了楚汉战争的序幕。

当时，项羽正在全力攻齐，无暇西顾，所以刘邦占领关中之后，乘胜统率各诸侯兵56万人，挥戈东进，直入彭城。项羽得知都城已经落入刘邦之手，立即率领3万精兵，反夺彭城。汉军在仓促之间，被打得落花流水，其死尸甚至把睢水堵塞不通。刘邦也几乎当了俘虏，仅带着数十骑逃到荥阳（今河南荥阳）、成皋（在今河南荥阳西北）一带。

刘邦在荥阳、成皋一带，一面纠集力量，抵御项羽的正面进攻；一面派遣张耳、韩信领兵北上，攻取了魏王豹、赵王歇的封地。一年多后，由于粮食缺乏，刘邦被迫逃离荥阳，回到关中。不久，刘邦趁项羽向东攻打彭越之时，南与黥布联合，再度进驻成皋。项羽旋即击溃彭越，复挥师西进，攻克荥阳，围逼成皋。刘邦自知难以固守，于是北渡黄河，夺了张耳、韩信手下的军队，重新与项羽相峙。楚汉相峙，项羽因后援不继，无以持续作战，因而公元前203年秋与刘邦达成和议，一中分天下，划鸿沟（在今河南荥阳北）为界，其东

趣味点击

刘邦论战胜项羽的原因

夫运筹帷帐之中，决胜于千里之外，吾不如子房（张良）。镇国家，抚百姓，给馈饷，不绝粮道，吾不如萧何。连百万之军，战必胜，攻必取，吾不如韩信。此三者，皆人杰也，吾能用之，此吾所以取天下也。项羽有一范增而不能用，此其所以为我擒也。

属楚，其西归汉。约定之后，项羽便撤东归。

公元前202年冬，刘邦听从张良、陈平的建议，继续挥戈东进，在垓下（今安徽灵璧南）与韩信、彭越两支军队汇合，层层包围了楚军。项羽在四面楚歌声中，自知大势已去，率领八百壮士，溃围南逃。逃至乌江（今安徽和县东北），自刎而死。楚汉战争经过3年多的时间，最终以项羽的灭亡宣告结束。

刘秀建立东汉政权

刘秀（公元前6—公元57），字文叔，南阳郡蔡阳县（今湖北枣阳）人，汉高祖刘邦的后代。

王莽的新朝末年，在今湖北荆州地区和山东泰山一带，爆发了绿林、赤眉起义，大批饥饿、流亡的农民纷纷加入起义行列，而汉朝宗室刘演、刘秀兄弟也怀着重建汉家天下的政治目的，联络附近豪强地主势力，纠合宗族、宾客数千人，起兵反对王莽统治。不久，为了借重农民起义军的力量，他们也加入了绿林军。

公元23年，王莽发兵镇压绿林军，绿林军八九千人在昆阳（今河南叶县）受围，敌众我寡，形势危急。值此关键时刻，刘秀率领十三骑，乘夜出城，寻求援兵，与城内绿林军相配合，内外夹击，直杀得新朝十万大军丢盔卸甲，落花流水。昆阳之战的胜利，瓦解了王莽的腐朽统治，决定了新朝覆灭的命运。

昆阳战役之前，绿林军就建立了更始政权，该政权内部存在着更始帝刘玄同刘演两派之间的矛盾。当刘演刚刚攻下宛城（今河南南阳），因同更始帝争夺权力而被捕杀，刘秀得知此事，自度无力公开对抗，便只好连忙赶回宛城，不仅不为兄长服丧，还向更始帝谢罪、认错，同时“饮食言笑如平常”，从而骗取了在绿林军中的重要地位。公元24年，更始帝派刘秀北渡黄河，镇抚河北各州郡，从此刘秀得到了独立发展的好机会。

光武帝刘秀

刘秀在河北地区，废除王莽苛政，恢复汉朝制度，深得当地官僚、豪强地主的拥护。在信都（今河北冀县）太守任光、上谷（今河北怀来）太守耿况，以及豪强地主刘植、耿纯等人的支持和援助下，铲除了称帝于邯郸的割据势力王郎。当时，更始帝已经移都长安，并派人立刘秀为萧王，还要他罢兵回京。刘秀羽翼丰满，拒绝受命，公开同更始政权决裂了。不久，他逐个镇压了铜马、高湖、重连等农民起义军，并以分化、利诱的手段，收编了铜马军的大部分，故关中一带把他称作“铜马帝”。

公元 25 年，刘秀在鄗（今河北柏乡）即皇帝位。不久定都洛阳，东汉政权建立。

当时，全国局面依然十分混乱。除赤眉军打垮更始政权，活动于关中地区之外，还存在着以隗嚣、公孙述、彭宠、卢芳、刘永、张步、秦丰、李宪等人为首的封建割据势力。刘秀首先对农民起义军下刀，一面派邓禹、冯异统领大军，西进关中，一面在豫西山区设置重兵，截断赤眉军的退路。公元 27 年，饥寒交迫的赤眉军在东归途中，遭到重兵伏击，在宜阳（今河南宜阳）附近被刘秀血腥地镇压了。随后，

你知道吗

“安知非仆”典故是怎么来的

光武帝还是一个普通百姓时，与姐夫邓晨观看谶纬，谶纬里面说，刘秀当为天子。旁边的有些人说，谶纬肯定说的是国师公刘秀。光武帝说：“安知非仆（怎么就知道这天子不是我呢）？”刘秀登基后的第三年，与邓晨一起谈及往事，邓晨从容地对光武帝说：“仆竟然做到了。”光武帝听后大笑！这就是“安知非仆”的由来。

刘秀南征北战，历经10年，相继消灭了各个封建割据势力，终于在公元36年统一了全国。

为了巩固东汉政权的封建统治，刘秀还采取了一系列政治、经济措施。

政治上，鉴于西汉时期权臣当政、外戚篡权、藩王作乱的历史教训，刘秀不让功臣掌握实权，不让外戚干预政事，不让藩王蓄养羽翼。同时，朝廷上号称“三公”的太尉、司徒、司空职高无权，而直接受皇帝操纵的尚书台专权用事，由此加强了中央集权的专制主义统治。

经济上，刘秀废除什一税，实行三十税一。组织军队，进行屯垦。裁并郡县，减省财政开支，更重要的是，他先后9次颁布解放奴婢和禁止虐杀奴婢的诏令，并释放了大批囚徒，从而增加了一部分劳动力，逐步恢复和发展了社会经济。

官渡之战和赤壁之战

官渡之战、赤壁之战是我国历史上著名的战役，发生在东汉末年和三国时期，它们都是以少击众、以劣势对优势而获胜的辉煌战例，在军事史上有着重要的意义。

袁（绍）曹（操）官渡之战是在汉献帝建安五年（公元200）进行的。当时袁绍是北方最大的割据势力，拥有强兵几十万，占据了幽、冀、青、并四州（相当于今河北、山西和山东东部）。曹操占有兖州和豫州（相当于今河南、山东西部），控制了汉献帝。公元199年春，袁绍调兵10万，进军黎阳（今河南浚县东北），直捣许县，企图一举消灭曹操。曹操以两万左右的兵力对抗袁绍。他深知敌强我弱，只能智取，先派兵攻占了一些战略要地，然后把主力布置在许县北面的官渡（今河南中牟东北），以阻挡袁军进攻许县，亲自率兵攻占下邳（今江苏邳州市东），打败了与袁绍结成联盟的刘备，免去了后顾之忧。公元200年初，袁绍派大将颜良进攻白马（今河南滑县北）。曹操采取声东击西的方法，伪装渡河进攻袁绍的后方，同时以轻装部队迅速袭击白马的袁军，解除了白马之围。为了战胜对方，曹操选定官渡作为两军对峙的地方，坚守营垒等待时机。10 月，曹操猛攻乌巢（今河南延津境内），烧毁了袁绍的军粮，然后乘胜出击，大败袁军，歼灭 7 万余人。这次战争由于曹操一方能审时度势，采取灵活机动的战略战术，及时抓住战机，所以取得了最后的胜利。而袁绍一方政治腐败，骄傲轻敌，内部分裂，失去了优势，最终导致失败。官渡之战后，曹操基本上统一了北方，成为最强大的一股力量。

赤壁之战发生于官渡之战的 8 年以后。建安十三年（公元 208 年）。曹操率领 20 万大军挥师南下，准备统一全国。荆州刘琮投降曹操后，刘备只能退守夏口（今武汉市）。在诸葛亮的劝说下，刘备、孙权两家联合起来，共同对付曹操。10 月，周瑜率领的吴军到达赤壁（今湖北赫壁市东北），根据敌强我弱，不宜作持久战的实际情况，采用黄盖的计策，用火攻烧毁曹操战船，打败曹军。曹操只率领少数人马由华容（今湖北监利西北）向江陵撤退，最后逃回北方。这一战役刘备、孙权一方不为曹军一时的强大所吓倒，能够正确分析形势，找出其弱点和不利因素，以己之长，攻彼之短，密切配合，最后赢得了胜利。而曹操一方尽管兵力远远多于对方，但远来疲敝，运输困难。士兵又水土不服，不习惯水战，加上盲目乐观，结果被打败了。赤壁之战是三国鼎立局面形成的决定性战役，对三国历史的发展有着巨大的影响。

知识小链接

曹操简介

曹操，字孟德，小字阿瞒，沛国谯（今安徽亳州）人。我国东汉末年著名的军事家、政治家和诗人。其子曹丕称帝后，追尊他为魏武帝。曹操一生征战，为全国尽快统一，在北方广泛屯田，兴修水利，对当时的农业生产恢复有一定作用；其次，他用人唯才是举，打破世族门第观念，抑制豪强，所统治的地区社会经济得到恢复和发展。此外，他还精于兵法，著《孙子略解》、《兵书接要》《孟德新书》等。

三国鼎立

赤壁之战中，孙权、刘备联军以少胜多、以弱胜强，合力用火攻打败曹操的军队，阻止了曹军的南进，为三国鼎立局面的形成奠定了基础。

曹操战败以后，退回北方。他认识到自己目前还不具备吞并孙权、刘备的条件，就致力于增强实力，巩固内部。一方面加强对战略要地的防守，另一方面则准备进兵关西，以扩大自己的势力范围。关西指的是潼关以西的关中、陇右一带（今陕西、甘肃及青海部分地区），当时为马超、韩遂所占据。曹操于建安十六年（公元211）亲自出兵西征。他施用离间计，挑起马超与韩遂的不和，然后在渭南一举打败了他们。建安十九年（公元214）曹操又派夏侯渊进攻陇右，消灭了盘踞在枹罕（今甘肃临夏东北）自称“河首平汉王”统治达30年之久的宋建。曹操用了3年多的时间，平定了关西地区的割据势力，取得了辉煌的胜利。建安二十年（公元215）曹操乘着余威又进兵汉中，打败了信奉“五斗米道”自号“君师”的割据者张鲁，张鲁被迫投降。到了建安二十五年（公元220），曹操病死后不久，他的儿子曹丕就夺了汉献帝之位，自立为帝，改国号魏，建都洛阳，魏国诞生了。

刘备在赤壁之战后，占据了荆州的大部分地区，从此有了自己的地盘，接着又向西南发展。建安十九年（公元214）刘备率军入益州（今四川及云南、贵州的部分地区）。益州的统治者刘璋投降。由于刘备很注意争取益州本地地主集团和刘璋旧部的支持与合作，对他们加以笼络利用，因此缓和了主籍、客籍之间和整个统治集团内部的矛盾，他的统治得到了稳定和巩固。在曹丕废汉的第二年，即公元221年刘备也称帝，国号汉（后人称之为蜀或蜀汉），建都成都，以诸葛亮为丞相。蜀国出现了。

孙权的父亲孙坚，哥哥孙策很早就在江东一带发展自己的势力。到孙权时，虽然已经拥有会稽、丹阳、吴郡等六郡地界，但统治并不稳定。孙权依靠了张昭、周瑜的帮助，团结了文武将吏，又聘用了鲁肃等名士，实力大增。

上古

刘备画像

赤壁之战后，孙权稳定了在江东的统治，迅速向长江以南扩张，从今天的江苏、浙江、江西逐渐延伸到湖南、福建、广东、广西一带。公元 221 年孙权立为吴王，公元 229 年孙权称帝，国号吴，建都建业（今江苏南京），最后吴国也产生了。

由于魏、蜀、吴三国在当时都还没有统一全国的实力，所以它们之间虽时有战争发生，但谁也不能消灭谁，处于相持之中。历史上把这一时期称之为三国鼎立时期。一直到魏元帝景元四年（公元 263），魏将邓艾、钟会伐蜀，后主刘禅投降，蜀亡。两年以后也就是公元 265 年，司马炎废魏建立晋朝，魏亡。晋武帝太康元年（公元 280），晋王濬率军入建业，末帝孙皓投降，吴亡。三国归于统一，分裂局面结束。

十六国和北朝

西晋王朝建立后，政治日趋腐败，到惠帝时，统治集团内部争权夺利，互相残杀，进而演变为“八王之乱”。这场凶残的大混战，使社会生产遭受到空前的大破坏，从而极大地加深了各族人民的痛苦。加之天灾频繁，罕见的大饥荒迫使数百万计的农民背井离乡，随处觅食，成为无业流民。

此外，自东汉以来内迁的少数民族，因不堪忍受汉族地主和西晋统治者强迫他们交纳重税、服兵役、徭役的痛苦，也纷纷举行暴动，并和越来越多的流民相呼应，从而形成了各族人民反对西晋残暴统治的起义斗争。

但是，一些少数民族首领如匈奴贵族刘渊等人，就竭力把各族人民的起义斗争引向民族仇杀，使之成为各族统治阶级之间争权夺利的战争。永兴元年（公元304）刘渊在左国城（今山西离石）起兵反晋。永嘉五年，匈奴军破洛阳，掳晋怀帝。建兴四年（公元316），匈奴贵族刘曜引军围长安，迫使愍帝出降，西晋就这样灭亡了。

从永兴元年刘渊起兵反晋称汉王起至太延五年（公元439）北魏统一北方止，各族统治者在这135年间，先后在北方和巴蜀建立的割据政权有成汉、二赵（前、后）、三秦（前、后、西）、四燕（前、后、南、北）、五凉（前、后、南、北、西）和夏，历史上称“十六国”。实际上，还有汉人冉闵建立的魏、鲜卑贵族慕容泓建立的西燕和拓跋猗卢建立的代国。过去史书上将冉魏附于后赵，西燕附于后燕，代国因为是北号的前身，所以，都不计算在十六国之内。

基本小知识

八王之乱

公元290年晋武帝临终时命皇后的父亲杨骏掌管朝政。继立的晋惠帝痴呆低能，即位后，皇后贾南风为了让自己的家族掌握政权，于元康元年（291）与楚王司马玮合谋发动政变，杀死杨骏，而政权却落在汝南王司马亮和元老卫瓘手中。贾后政治野心未能实现，当年6月，又使楚王司马玮杀汝南王司马亮，然后反诬楚王司马玮矫诏擅杀大臣，将司马玮处死。贾后遂执政。诸王为争夺中央政权，不断进行内战，史称八王之乱。

布匿战争之坎尼战役

亚平宁半岛上的罗马和非洲北部的迦太基，是地中海沿岸的两大强国。罗马统一意大利后，企图进一步向地中海扩张，这就直接触犯了迦太基的利益，这两个曾在对希腊殖民城邦的战争中结为盟邦的国家，此时为争夺西部地中海的霸权终于成了互不相容的敌手。公元前3世纪—前2世纪，古罗马和迦太基进行了一场长达 100 多年的战争，因为罗马人称迦太基人为“布匿”，所以历史上称这次战争为“布匿战争”。

布匿战争前后共有 3 次，在第二次布匿战争期间罗马与迦太基之间进行了一场有重大意义的决战，这就是发生在意大利本土南部的坎尼战役。坎尼战役是古代军事史上一次以少胜多的著名战例，迦太基以 5 万兵力围歼罗马 8 万大军，获得了辉煌的胜利。

第二次布匿战争

公元前 221 年，年仅 25 岁的迦太基将领汉尼拔继任驻西班牙的最高军事指挥官。他攻陷了位于西班牙东部海岸的萨贡托，违反了与罗马签订的和谈协定，因此罗马将领费边于公元前 218 年春率领使团前往迦太基提出责问。迦太基面对罗马的威胁毫不屈服，以蔑视的态度回答罗马人的挑战，反过来让罗马人自己做抉择。费边率领罗马使团愤然离去。公元前 218 年，第二次布匿战争爆发了。

知识小链接

费边简介

费边，全名为昆图斯·费边·马克西穆斯·维尔鲁科苏斯（约公元前 280—前 203）。古罗马政治家、军事家，杰出的统帅。曾五次当选为执政官（公元前 233 年、公元前 228 年、公元前 215 年、公元前 214 年和公元前 209 年），两次出任独裁官（公元前 221 年、公元前 217 年），并担任过监察官（公元前 230 年）。费边以在第二次布匿战争中采用拖延战术对抗汉尼拔，挽救罗马于危难之中而著称于史册。

迦太基的新统帅汉尼拔是世界古代杰出的军事家。他率领10万大军翻越白雪皑皑的欧洲屋脊——阿尔卑斯山，突然出现在意大利本土，使罗马元老院大为惊慌。迦太基军队节节胜利，直逼半岛南端。公元前216年春，汉尼拔占领了亚得里亚海畔的坎尼。坎尼是罗马的重要粮仓，如果失掉这个地方，罗马军队就会遭到很大的困难。这年担任罗马执政官的是瓦罗和鲍路斯，他们率领8万步兵、7000骑兵，决心全力夺回坎尼城。迦太基的4万步兵和1万骑兵早已在城外平原上安下营寨。双方兵力就步兵而言，罗马占有绝对优势，但汉尼拔拥有强大的骑兵，而且他在这次战争中充分表现了出众的军事才能。两军布阵各有特点：罗马由瓦罗指挥，把罗马公民骑兵和联盟者骑兵分布在左右两翼，8万步兵排成70列，以密集的队形摆在中央，中队间的距离很短，使整个队形深度大于宽度，这种队形是为了发挥步兵的冲击力来突破敌人的阵线。汉尼拔则是把他的步兵排成半月形，突出的一面向着敌人，而且把一些老弱的步兵排在中央突出的部位，精锐步兵配置在两翼，在步兵的两侧安排了骑兵。汉尼拔还充分利用天时地利，经过精心的实地观察，他知道战场离海不过5000米，海面上经常在中午时分刮起猛烈的东风。所以，他选择了一个背向东风的阵地，并且预先在山谷里埋伏了一支部队，命令他们一旦交战时海风骤起，立即袭击敌人的后卫。同时又命令500名强悍的步兵，除了手持通常使用的长剑外，还在衣服里暗藏一把短剑，听候信号行动。

8月2日上午8点多钟，会战开始了，刺耳的军号声在宽阔的战场上响起，双方士兵发出震撼原野的呐喊。罗马步兵一开始就排着密集的方阵，全力向迦太基步兵的中心部猛攻。正如汉尼拔所预料的那样，他布在中央的2万名较弱的步兵抵挡不住罗马的攻击，顺势向后退却，半月形的阵势向相反的方向弯曲，原来凸向罗马人的部分开始变成凹进去的了。罗马人不断朝凹处楔进，迦太基的队列从两侧向内收缩。这正中了汉尼拔的计谋，他用这种阵势把罗马军队包围起来。当罗马人朝包围圈越陷越深时，汉尼拔又指挥布置在两翼的精锐步兵和骑兵从两侧迅速夹击罗马骑兵，把敌军两翼向中间挤压，一部分军队则绕到罗马军队的背后。

临近中午时，海面上刮起了强劲的东风，随风扬起了漫天尘土，尘土迷住了迎风前进的罗马士兵的眼睛，罗马军队的阵势顿时大乱，背风而站的迦太基士兵趁机砍杀罗马人。被打得挤成一团并失去活动力的罗马人，因为抵挡不住迦太基人的袭击而变得更加混乱，成了迦太基人现成的射击目标，以至于迦太基人投出的每一支投枪和投石器所射出的每一块石头，都能击中敌人，无一落空。这时只听得一声号响，绕到罗马军队背后的500名强悍的迦太基步兵，突然从衣服里抽出暗藏的短剑，杀向罗马人，埋伏在山谷上的一支部队也冲了下来，配合作战。罗马人完全陷入了汉尼拔设下的圈套之中。

广角镜

汉尼拔的军事贡献

汉尼拔的战略战术在本质上是避敌主力，在不停地扰敌过程中消耗敌人的实力。与此同时，汉尼拔战略思想对世界军事的一个重要贡献在于：将战场建立在敌人的腹地，将前线放在敌人的家门口，这不但有利于保护本国的经济不受到敌人的打击，同时，严酷的军事形式，将对敌国上下造成沉重的心里压力。从一定意义上说，汉尼拔的“前线延伸”，也是一种成功的心理战。

战斗进行了整整12个小时，直到天色渐黑时才告结束。罗马人几乎全军覆灭，54000人阵亡，18000人被俘，而汉尼拔只损失了6000人。

斯巴达克起义

在罗马对外的扩张过程中，奴隶制也随着急剧地发展起来。长期的征服战争，使罗马奴隶来源十分充足，大批战俘和被征服地区的居民成为罗马奴隶的主要来源。所以奴隶的价格十分低廉。公元前176年，罗马镇压撒丁岛人民反抗时，把俘虏的8万撒丁居民廉价投入奴隶市场。当时罗马人把最不值钱的东西比喻为“像撒丁人一样便宜”。此外，还有非罗马人因负债而沦为债务奴隶，或用海盗式的方法猎取和平居民贩卖为奴的。罗马的奴隶主，除

罗马角斗士决斗

了把奴隶用于农业、手工业、建筑、矿山等生产部门外，还有很多奴隶在奴隶主家里充当仆役，为奴隶主看门、做饭、打扫、理发等等。有的有文化教养的奴隶给奴隶主充当歌手、乐工、医生、教师。在罗马，奴隶甚至还被用在公共娱乐方面，其中身体健壮者充当角斗士。从公元前 3 世纪上半期起，角斗之风盛行于罗马，每逢节庆都要举行角斗比赛。角斗奴经过专门训练后，在竞技场上为奴隶主贵族们表演。古罗马城著名的圆形竞技场外部分成三层，周围由列柱环绕，可容纳 5 万观众。每当有角斗演出时，竞技场内座无虚席，甚至贵族妇女也兴致勃勃地来观赏这种灭绝人性的表演，她们坐在最高处的席位上。竞技场的墙上还安装有喷射香水的管子，以冲淡场内的血腥味。角斗士们被迫在角斗场上互相残杀，或者与饥饿的老虎、狮子等猛兽搏斗。有时一场角斗竟出场数百对角斗士和上百头猛兽。奴隶主们听着身受重伤、奄奄一息的角斗奴的痛苦呻吟，看着他们的垂死挣扎而疯狂地高声喝彩，哄笑取乐。

古代罗马奴隶的处境本来就是十分悲惨的，而角斗奴则是受压迫最深重、命运最悲惨的奴隶，他们除了过着非人的生活外，还随时有可能在竞技场上丧失生命。他们从内心深处发出愤怒的呼喊："宁为自由而战死，决不为富人的娱乐而丧生！"

公元前 1 世纪初，古代世界最有名的一次奴隶大起义——斯巴达克起义终于在意大利本土爆发了。这次起义的领袖是色雷斯奴隶斯巴达克。斯巴达克在一次反罗马的战争中被俘后，编入了罗马的辅助军队，因作战勇敢提升为十夫长，并获得了"勇敢战士"的称号。他时刻怀念自己的祖国，想回到色雷斯去，但逃跑未成，抓获后被卖为奴隶。他体格健壮、勇敢强悍，经过训练后，被选送去充当角斗士。

不久，斯巴达克被转卖到卡普亚的角斗士学校。这所学校主要是为罗马国家最大的圆形竞技场和其他各大城市输送角斗士的。学校的条件十分恶劣，俨然像一座集中营，被送来学习的奴隶受到严密的监视和残酷的虐待。他们瞻望前途，自知迟早要在角斗场上白白送死，认识到只有依靠自己的力量才能求得生路。斯巴达克开始在角斗士中鼓动、串联，准备暴动，但由于叛徒告密而走漏了消息，斯巴达克当机立断，提前发动起义。公元前 73 年初夏的一天，手无寸铁的角斗士们跑进学校的厨房，拿起菜刀、铁叉以及所有能当武器的东西，与闻讯追踪而来的教师、警卫搏斗，奋力冲出角斗学校，奔向城南的维苏威火山。200 多起义者中只有 78 人逃了出来，他们在山上建立了坚固的阵地。附近的奴隶和破产的农民纷纷投奔起义队伍，起义队伍很快就发展到 1 万多人。

拓展阅读

古罗马文明的象征：罗马竞技场

罗马竞技场又称斗兽场，建于公元 72—82 年间，是古罗马文明的象征。斗兽场的看台是用三层混凝土制的筒形拱洞，每层 80 个拱，形成三圈不同高度的环形券廊，最上层则是 50 米高的实墙。看台逐层向后退，形成阶梯式坡度。每层的 80 个拱形成了 80 个开口，最上面两层则有 80 个窗洞。整个斗兽场最多可容纳 9 万人，因入场设计周到而不会出现拥堵混乱，这种入场的设计即使是今天的大型体育场依然沿用。

起初，罗马统治者对这次起义并不十分重视，只派出少量军队前去镇压，但很快就被起义军击溃了。维苏威火山地势险峻，除了一条崎岖小道可以通到山顶以外，到处是悬崖峭壁。罗马又派出大军去封锁这条通道，企图困死起义者，迫使他们投降。斯巴达克临危不惧，表现了罕见的机智和杰出的指挥才能。他知道要从正面的要道冲出去是不可能的，只有另辟蹊径。深夜，山风怒吼，在朦胧的夜雾中，斯巴达克率领主力沿山后险峻的峭壁，攀着用野葡萄藤编结成的绳梯，悄然无声地爬到山下，出其不意地从敌人后方突击，大败罗马军队，缴获了大量武器装备。初战告捷后，起义军声势更加壮大。到公元前 72 年，起义军人数已达 7 万左右，活动范围遍及意大利半岛南部，威胁着罗马城。可就在这时起义军内部产生了分歧。

基本小知识

维苏威火山

维苏威火山是意大利西南部的一座活火山，位于意大利南部那不勒斯湾东海岸，海拔 1281 米。维苏威在公元 79 年的一次猛烈喷发，摧毁了当时拥有 2 万多人的庞贝城。其他几个有名的海滨城市也遭到严重破坏。直到 18 世纪中叶，考古学家才将庞贝古城从数米厚的火山灰中发掘出来，也成为意大利著名旅游胜地。

斯巴达克原计划向意大利北部进军，越过阿尔卑斯山，然后让起义战士各自返回自己的故乡高卢或色雷斯去，因为他清楚地懂得在敌强我弱的力量对比下，要想占领汉尼拔都未能攻克的罗马城并建立政权，那是很困难的。可是克里克斯却主张留在意大利南部，这种意见代表了一部分意大利贫苦农民的要求。两种意见无法统一，结果克里克斯带走两万人单独行动，很快被罗马军队击溃了。斯巴达克按原计划向北进军，准备离开意大利本土。

斯巴达克起义

起义的烈火燃遍了整个意大利，罗马政府为了镇压起义，动员了全部兵力，但是罗马士兵一听见斯巴达克的名字就畏缩不前，弃阵逃跑。新任命的总指挥克拉苏用恢复古老的“什一格杀令”的残酷办法来强迫士兵作战，凡是临阵脱逃者，通过抽签，从每十人中抽出一人处以死刑。即使如此，派去包围起义军的兵团，在第一次交锋中仍被击败了。这时斯巴达克打算渡海到西西里岛去，与那里的奴隶汇合起来，共同作战。他同海盗谈判，想租用他们的船只，但海盗背信弃义，把船开走了。海上风狂浪急，起义军制造木筏渡海的尝试也失败了。起义军处在缺乏粮食的困境之中，克拉苏又在后面筑了 55 千米长的防线来封锁他们。在 12 月的一个风雪交加的夜晚，斯巴达克带领起义军强行突破了克拉苏防线，向北挺进。

公元前 71 年春天，起义军与罗马军队进行了最后一次决战。斯巴达克身先士卒，身受重伤仍继续战斗，直到壮烈牺牲。克拉苏和前来援助的庞培军残杀起义者，把 6000 名俘虏钉死在从卡普亚到罗马沿路的十字架上。

斯巴达克领导的这次规模空前的奴隶大起义，虽然失败了，但它震撼了整个意大利半岛，沉重地打击了罗马奴隶主的统治，引起了罗马共和国社会经济基础和上层建筑的变化，推动了罗马奴隶社会的进步。

恺撒传奇

公元前 80—前 70 年，地中海到处有海盗出没。他们抢劫从各地运往罗马的黄金和粮食。

一个罗马的年轻军官在海上被海盗俘虏了。他知道自己的处境十分危险，却一点也不害怕。他神色坦然地对海盗们说如果他能回到罗马，一定要带领舰队来严惩他们。海盗们听了，纵声大笑，因为他们从来没碰到过这样一个敢于吹牛的人。后来，从罗马送来一大笔赎金，海盗就把这个军官放了。

过了些日子，这些海盗被罗马的海军俘获了。有人下令按照罗马人惩罚海盗的方式，把他们全部钉死在十字架上。海盗们临死前认出了站在他们面前发号施令的人，正是他们嘲笑过的那个俘虏。

这个说到做到的海军军官，就是罗马史上有名的人物儒略·恺撒。他出身于破落的贵族，是一个既大胆、果断又十分狡猾、很会随机应变的人。

恺撒头像

罗马共和时代的后期，元老贵族和民主派之间的斗争非常尖锐。当时，罗马的属地已经遍及地中海沿岸。可是，享有公民权的只是罗马城内的奴隶主和自由民。至于城区以外、意大利各地和海外一些行省的自由民，尽管他们担负着和罗马自由民一样的义务，却享受不到罗马的公民权。他们不甘心处在这种受歧视的无权地位，曾经多次进行反抗和流血斗争，但是一直遭受顽固守旧的元老贵族的抵制和压迫。因此，他们和元老贵族的矛盾始终没有得到解决，使得罗马的政局长期动荡不安。

基本小知识

罗马共和时代

公元前509年，罗马废除了“王政”，改行共和制度，开始了近500年的罗马共和国时期。共和国时代，掌握国家最高权力的是执政官，执政官由百人议会每年从贵族中选出两名来掌握国家权力，两名执政官权力相等，任期为一年，执政官有权指挥军队，召集元老院会议和公民大会。遇到紧急事件，可以选出“狄克推多”，意思是独裁者来应对危局，独裁者必须由元老院提名，由一名执政官正式任命，任期半年。

恺撒虽然是个贵族，但是他在政治上比较接近民主派，和许多民主派人物有着密切的关系。他又进行着反对元老贵族的活动，这就使他在平民群众中赢得了很高的声望。恺撒酷爱权力，有着强烈的个人野心，他亲近平民是为了自己向上爬。公元前60年，他和罗马另外两个统帅庞培和克拉苏结成反对元老院贵族的秘密同盟，历史上称为“前三雄”。

公元前58年，恺撒当了高卢（现在的法国）总督。仅仅在三四年的时间里，他不仅征服了高卢全境，而且击退了日耳曼人的入侵，把罗马西北的边界推进到莱茵河岸。不久，他又越过海峡攻入不列颠岛（现在的英国）。恺撒的赫赫战功和卓越的军事才能，越发增加了他在罗马人中的威望。他从战争中掠夺了大量的黄金、财宝和奴隶。为了收买人心，他向士兵和平民发放粮财，还经常举行角斗一类的公共娱乐。实际上，他的名望已经大大超过同盟中的另外两个人了。

公元前53年，克拉苏（镇压斯巴达克起义的刽子手）在远征波斯的时候被打死了。

这样，“前三雄”中只剩下庞培和恺撒两人。庞培早年曾经担任执政官。当恺撒在罗马帝国西部打仗的时候，庞培在帝国东部（今土耳其和叙利亚的一部分）也屡建战功。庞培虽然是恺撒的亲密朋友，却十分嫉妒恺撒。恺撒征服的地方越来越多，在士兵中的威信又日益增高，使庞培深感不安。公元前49年，他怂恿元老院解除恺撒的兵权，命令他立即从高卢返回罗马。

恺撒接到命令，知道这是庞培的阴谋。他反复考虑，决定带领军队打回罗马，利用这次机会在罗马建立独裁政权。

恺撒带领军队走到一条叫作卢比孔的小河边。罗马法律规定：任何将军没有接到命令，不得带领军队越过这条小河。否则，就要当做谋反来治罪。恺撒当机立断，跨上战马，跃进溪流，大军紧紧跟随在后，很快就越过了卢比孔河。

庞培没有料到恺撒会这样果断地进军罗马，迎战不及，只得带着2.5万人仓皇逃往希腊。恺撒进入罗马后，迫使元老院同意他成为罗马的“独裁者”，随后又得到了统治整个意大利半岛的权力。等罗马局势稍稍稳定以后，恺撒立即进军希腊，讨伐庞培。庞培被打败，逃到了埃及。恺撒也跟着追到埃及。埃及国王为了讨好恺撒，派人刺杀了庞培，把血淋淋的人头送到恺撒面前。谁知恺撒却把脸一沉，转过头去。这个高傲的独裁者不愿意看到他的政敌被别人杀害，他下令处决了杀死庞培的人。

这个时候，埃及托勒密王朝正发生争夺王位的纠纷，恺撒支持了以美貌闻名的女王克娄巴特拉。接着，他的军队又进入小亚细亚，只用5天的时间，就平定了庞培部下本都王子的叛乱。两年后，恺撒从北非转战西方，又在西班牙扑灭了庞培两个儿子的反抗。这样，恺撒终于取得了罗马的全部属地。他宽恕了庞培手下的将领，把他们收为自己的部下。

趣味点击 克娄巴特拉到底是美还是丑

有人说：“若克娄巴特拉的鼻子长一寸，或短一寸，或许世界就会改变”，虽然大部分人都认为克娄巴特拉是一位极美的女子，但是，根据一些当时的雕塑和画像来看，她的身材矮小、肥胖，相貌也并不出众。所以，关于克娄巴特拉的美丽容貌，可能更多的是因为后人对她的崇敬和臆想，而克娄巴特拉对恺撒的影响力，可能主要还是因她的智慧。

恺撒凯旋回国，受到罗马人热烈的欢迎，有些人想拥戴他当皇帝。从公元前509年塔克文被赶走以后，罗马就没有过帝王。罗马人仇视帝王，反对恢复帝王的职位。恺撒虽然内心十分想当皇帝，也不敢轻举妄动。在一次节日盛会上，执政官安东尼突然把一顶皇冠戴在恺撒头上。可是只有少数人鼓掌，大多数人都在叹息。恺撒一看这种情况，认定还不到称帝的时候，就取下王冠扔在地上。安东尼连忙拾起皇冠又给他戴上，他又扔掉了。人们看到恺撒一再拒绝戴上皇冠，就欢呼起来，纷纷向他致敬。

恺撒虽然没有当上皇帝，却已经拥有许多尊贵的称号：“终身保民官”、“祖国之父”等等。法律规定他坐在黄金象牙宝座上处理公务，他的画像同天神放在一起。他获得了无限期的独裁权力。

有些人看出，恺撒的权力愈来愈大，总有一天会戴上皇冠的。因此，他们组织了阴谋集团，决心除掉他。这些阴谋者当中，有一个是恺撒十分信任的人，叫布鲁图。

公元前44年8月15日，元老院举行会议。恺撒单身一人来到会议厅。虽然他事先已经得到警告，说有人这天要谋刺他，但是他仍然拒绝带卫队。他说："要卫队来保护，那是胆小鬼干的事。"恺撒大步走进大厅，坐到黄金宝座上，笑着说："现在不就是8月15日吗？"这时候，阴谋者都身藏短剑，像朋友一样围在他身边。其中的一个人跑到他面前，抓住他的紫袍，像是有什么事要请求他似的。原来这就是动手的暗号。众人一拥而上，用短剑刺向恺撒。恺撒没带任何武器，他奋力进行反抗。他的腰部中了一剑。接着，一剑又刺进了他的大腿。他看见这一剑正是他最信任的布鲁图刺的，他放弃了抵抗，颓然倒下，用紫袍蒙面，听任他的仇敌乱刺、乱砍。他一共被刺23处。其中8处是致命的。

这个奴隶主军事独裁者，就这样结束了他的一生。他留下了一个强大的中央集权的帝国，还有一部由他决定采用的历法——儒略历。这部以恺撒名字命名的历法就是现在大多数国家通用的公历的前身。恺撒还是一个有才华的作家，著有《高卢战记》和《内战记》等书。

恺撒被杀死以后，布鲁图说："我爱恺撒，但我更爱罗马！"可是罗马的平民没有一个人对恺撒之死表示高兴。当凶手们手提着血淋淋的短剑走出元老院的时候，和他们所预料的欢呼场面相反，看到的只是表情冷漠、充满怀疑目光的人群。平民们对恺撒还是有好感的。恺撒当权的日子不多，但是他实行了许多有重大意义的改革。他改革元老院，把议员人数增加到900人，其中包括来自行省的上层人士、军人和反对元老贵族的公民。他还使罗马外省的自由民取得了公民的资格。他曾经答应取消平民的全部债务，把粮食分给贫苦的平民，还要给普通士兵分配土地。这些虽然没有

拓展阅读

恺撒与《高卢战记》

恺撒所写的《高卢战记》，共七卷，记述他在高卢作战的经过，从公元前58年—前52年，每年的事迹写成一卷。关于他的写作过程，历来有两种说法，有人认为，这是他每年向元老院和人民会议作的书面汇报，因此每年写成一卷。有人认为，这是他在公元前52—前51年间的冬天一次写成的。

完全做到，但是，他毕竟减免了1/4的债务，使12万人免费得到了粮食，土地分配也在缓慢地进行。他还改革税法，保护商业，促进了手工业和商业的发展。

耶稣传教

罗马帝国在公元1世纪左右吞并了西亚很多地方，把犹太国变成了它的属国。罗马统治者对西亚一带人民实行残酷的剥削和野蛮的统治。他们曾经两次劫掠犹太人奉为神圣的耶路撒冷神庙和宝库。犹太人极端痛恨他们，多次发动起义，但是，都被镇压下去了。公元66年，积压的仇恨烈火终于爆发成为一场规模巨大的武装反抗，犹太人消灭了罗马在耶路撒冷的全部驻军，这就是历史上有名的“犹太战争”。

罗马很快派出大军前来镇压，起义的犹太人拼死进行抵抗，坚持了4年之久，终于因为力量悬殊而失败了。罗马军队重新占领耶路撒冷以后，实行疯狂的报复，把俘虏一个一个钉死在十字架上。后来，因为要钉死的俘虏太多了，不但钉人的十字架没有了，连竖立十字架的地方也找不到了。剩下来的7万多人都被变卖为奴隶。

早在公元前2世纪，犹太国被罗马征服以前，它的下层居民中，就存在着一种反对王权和正统教派的秘密宗教组织。这种组织对富人和统治阶级抱着愤恨的态度，宣扬“救世主”即将降临人世，来拯救受苦的人们。这些宗教思想对当时受尽苦难、感到绝望、渴望在精神上得到解脱的犹太人，是有吸引力的。因此，在罗马灭亡犹太国以后，这种宗教活动不但继续在犹太人中间传播，而且跟着他们在巴勒斯坦和小亚细亚一带流浪的脚印，传播得越来越广，信徒也越来越多了。在传教的活动中，犹太人接触到东方其他一些民族和他们的宗教，吸收了这些宗教的某些内容，丰富了自己的宗教思想，加强了活动，逐渐形成了后来的基督教。

基督教的创立人是耶稣基督。但是，在公元1世纪，他那个时代的任何

耶稣诞生

一部文献里，都没有提到他的名字。起初，只有教徒们一代又一代口耳相传许多关于他的传说。到公元2世纪，这些传说才被人记录和整理出来。这就是《新约全书》(基督教《圣经》的后一部分）中的4部“福音书”。

在这个传说里，耶稣基督是上帝的儿子，出生在犹太伯利恒村一个木匠的家庭里。母亲马利亚还没有结婚，因为受“圣灵感应”，生了耶稣。耶稣从30岁起，在巴勒斯坦一带宣传神的旨意（福音)。他劝告穷苦人们忍受苦难，说能忍受现实世界一切苦难而安分守己的人，死后会升入天堂。有钱的人和剥削别人的人要想进入天堂，却比“骆驼穿过针孔”还要难。耶稣在传教的同时，还给人驱魔治病，显示奇迹。比如，使瞎子复明，跛子行走自如，死人复活等。

耶稣的传教受到广大下层群众的信仰和拥护，却引起了罗马统治阶级和犹太教祭司的仇视和反对。后来，罗马派驻犹太的总督彼拉多逮捕了耶稣，判处他死刑。执行死刑的那天，罗马士兵押送耶稣到耶路撒冷附近一座小山的山顶上，把他钉死在十字架上。同时，他们还把两个小偷，钉死在耶稣左右两边的十字架上。

耶稣死了。但是广大的信徒都不相信他真的死了。有人说，耶稣死后的第三天又复活了，升了天。一传十，十传百，死去的耶稣比活着的耶稣得到更多群众的信仰。尽管统治阶级后来继续采取各种残酷的压迫手段，基督教却依然不断地流行着。

罗马帝国的末期，社会长期混乱，统治阶级和社会的上层代表人物，如贵族、高级官僚、富商、大土地所有者等，对现实的生活失去信心，思想颓废，道德堕落。为了寻找精神上的寄托，他们当中也有不少人开始信奉基督教，甚至把自己的财富捐献给教会。

教会吸收剥削阶级分子和统治阶级上层人物渐渐多起来了，教会本身的性质也就不知不觉地发生了变化。原来只适应贫苦大众的要求和愿望的宗教信仰，这个时候开始渗进了统治阶级的思想意识。原来主张人人平等、互相帮助的宗教团体，这个时候出现了严格的尊卑分明的等级制度。

基督教有了这些重大的变化，它和奴隶主国家的关系就和以前不同了。在罗马的皇帝中，君士坦丁最先看准了教会是一支可以帮助他统治帝国、防止人民反抗的力量。他带头信奉基督教，并且在公元 313 年颁布一道敕令，承认基督教的合法地位，归还被没收的教会财产。从此，基督教的影响更大了。

拓展阅读

君士坦丁一世简介

君士坦丁一世，罗马皇帝。他是世界历史上第一位信仰基督教的皇帝，曾在 313 年颁布米兰诏书，承认基督教为合法且自由的宗教。并于 330 年将罗马帝国的首都从罗马迁到拜占庭，将该地改名为君士坦丁堡。此外，他的一系列改革措施，为欧洲从奴隶社会向封建社会的过渡起到了重要作用，他被称为西方的“千古一帝”。

罗马帝国覆灭

罗马帝国经过 200 年的所谓“和平时期“以后，开始走向衰落。统治者代克里先和君士坦丁的改革并没有使帝国摆脱危机。从公元 4 世纪中期起，奴隶、隶农、贫民起义和不断入侵的外族汇合一起，以更加猛烈的声势从内部和外部冲击着腐朽的奴隶制帝国。到公元5世纪初，罗马帝国的历史已进入了它的最后阶段。

罗马由于统治阶级内部争权夺利的斗争，帝国在公元395年正式分裂为东西两部分。西罗马帝国仍以罗马为都城，东罗马帝国建都在君士坦丁堡。东西两部分分别由两个皇帝统治着。他们是兄弟俩，即位时一个18岁，一个才11岁。这时候，西罗马帝国的军事力量已十分薄弱，皇帝霍诺留又是一个无能者，主要依靠日耳曼人的雇佣兵将领斯提里哥及其军队来维持统治。

基本小知识

日耳曼人

日耳曼人是古代占据中欧和东欧广大地区的部族，自称德意志人，古罗马人称之为日耳曼人。分布在莱茵河以东，维斯瓦河以西，多瑙河以北地区，从事游猎、畜牧为主，长期处于原始氏族社会阶段，其语系属于印欧语系日耳曼语族。最早的关于日耳曼人的纪录来自于公元前2世纪和公元前1世纪的古典作家。

罗马帝国分裂之后，西罗马帝国面临着规模空前的内忧外患。人民运动遍及各地，此伏彼起，日耳曼人像潮水一般的汹涌而来，两者汇合成为最后冲击西罗马帝国的洪流。公元401年、406年，日耳曼人中的西哥特人曾二进意大利，统率这支大军的，是西哥特人中著名的勇士阿拉里克，但均被罗马帝国的司令官斯提里哥打败了。斯提里哥明白，西哥特人虽被打败了，但罗马帝国已百孔千疮，摇摇欲坠，因此他决定和阿拉里克联盟，以阻挡来自东方的匈奴人入侵。由于他的坚持，联盟结成了，战败的西哥特人得到400镑黄金和罗马西部的一个省。斯提里哥的做法受到了罗马贵族的攻击。他们造谣说斯提里哥想利用西哥特人来推翻霍诺留，让自己的儿子做皇帝。霍诺留听信了，下令处死了斯提里哥，并株连其拥护者。残酷的镇压激起了斯提里哥部下的极大愤慨，有3万人投奔阿拉里克。

公元410年，阿拉里克三进意大利，奴隶纷起响应。这时西哥特人占领了离罗马不过20多千米的海港奥斯提亚，夺去了从非洲运来罗马的全部粮食，以致人口众多的罗马，立刻开始了可怕的饥馑。每人每天的口粮从1/2磅减到了1/4磅，最后完全停止了配给。随之出现了瘟疫，成千上万的人死去。在这样的情势下，罗马派使者到西哥特人那里去求和，最后达成协议，罗马献出黄金5000镑，白银3000镑，绸料4000块，胡椒3000磅，此外还派若干名贵族到西哥特人那里去做人质。西哥特人解除对罗马的包围，并允许罗马人到奥斯提亚港口去购买粮食。

霍诺留的援兵和粮食到来后，他又采取军事行动，激怒了西哥特人。公元410年8月24日，雷电交加，大雨倾盆之夜，西哥特人围攻罗马，城里久已盼望解放的罗马奴隶，在黑暗中打开了城门。这个被罗马人夸耀为“永恒城”的罗马就这样陷落了。经过三天三夜的洗劫，罗马几乎变成一座空城。在破城之后的6天，阿拉里克率军离开罗马折向意大利南部。但不久他突然死去。

西哥特人后来北上转入高卢南部和西班牙，公元419年，建立起西哥特王国。就在西哥特人进攻意大利的时候，日耳曼人当中的汪达尔人、勃艮第人、法兰克人也突破了罗马帝国的北部边界。汪达尔人穿过高卢和西班牙，渡过海峡，攻入北非。北非的奴隶和隶农同渡海而来的汪达尔人结合起来，结束了罗马的统治。公元439年，汪达尔人在北非建立汪达尔王国。在高卢，起义者到处攻占大农庄。勃艮第人和法兰克人利用这个形势，顺利地进入高卢。公元457年，勃艮第人在高卢东南部建立勃艮第王国，法兰克人后来在公元481年建立了法兰克王国。到公元5世纪中期，西罗马帝国的行省已大部丧失，先后被日耳曼人占有。到公元5世纪70年代，这个破败的西罗马帝国的领土，仅限于意大利了。西罗马皇帝的统治也只有一个虚名，皇帝的废立主权操于蛮族军人之手。从455年至470年，皇帝更替了9次。

公元451、452年，匈奴人在首领阿提拉领导下两次进军意大利，兵临罗马城下，因发生瘟疫而撤退。早在公元5世纪初，领土日蹙的西罗马皇帝已常驻拉文那。公元476年，罗马帝国的日耳曼雇佣军将领奥多雅克废除了西罗马的最后一个皇帝罗慕洛，自立为统治者。

历时千余年，曾雄踞于地中海一带的罗马，终于在奴隶、隶农起义的打击和外族的侵袭下倾覆了。西欧的奴隶占有制度也随着西罗马帝国的覆灭而崩溃了。欧洲历史从此进入了封建制的中古时代。

知识小链接

“上帝之鞭”阿提拉简介

阿提拉（406—453），他曾率领军队两次入侵巴尔干半岛，包围君士坦丁堡；亦曾远征至高卢（今法国）的奥尔良地区，最后终于在沙隆之战被停止了向西进军。然而，后来他却攻向意大利，并于公元452年把当时西罗马帝国首都攻陷，赶走皇帝，使西罗马帝国名存实亡。史学家称之为“上帝之鞭”。

中世纪

KUAILE YUEDU LISHI ZHISHI

由于概念不同，对世界中古史的起讫年代的认识也不同。国内过去传统上定上限为公元476年西罗马帝国灭亡，下限为1640年英国资产阶级革命，现多不用。现在一般将下限定为15世纪末地理大发现之前，但上限仍为5世纪。

封建制度的形成、发展和解体是这一时期欧洲历史的主线。但是世界各国封建社会的发展是不平衡的，当西欧在5世纪刚刚进入封建社会的时候，中国早已走完了超过1000年的封建社会历程。在中世纪，一批商业城市出现了，工场手工业高速发展，这种经济模式加速了贸易，从而发生了地理大发现，人类开始进入近代社会。

十字军东征

十字军东征，是西欧天主教会、世俗封建主、意大利富商在宗教口号掩饰下，对地中海东岸各国发动的一场持久的封建军事殖民的侵略战争。

十字军东征决非历史的偶然现象，而是刚刚形成的西欧封建社会内部矛盾运动的必然结果，具有深刻的历史背景。

首先在于封建主阶级内部矛盾增长，对外掠夺欲望增强。11 世纪，西欧封建化基本完成。封建领主已将西欧土地瓜分完毕，并确立了长子继承制的法权观念，余子均成为无地骑士。这时，商品货币关系开始发展，封建领主日益奢侈，开支日绌，频繁私战，争夺土地和农奴。大批无地骑士为领主作战，收入微薄，债台高筑。常以抢劫商旅为生，并不断袭击富有的大贵族，掠夺教堂和修道院，使封建主阶级内部矛盾激化。在当时生产力水平较低的情况下，大小封建主难以满足贪婪欲望，必然共同走上暴力掠夺的道路。

其次，罗马教皇企图扩大基督教的统治范围，恢复大一统的宗教权威。1054 年基督教分裂为东西两大部分，一度削弱了教皇权力。但不久，教会随着克吕尼运动兴起而重振。罗马教廷遂使用外交手段并阴谋用武力控制拜占庭的东正教，还企图迫使东方穆斯林改宗，以建立“世界主义”的神权统治。同时，罗马教皇从维护封建统治的根本利益出发，竭力主张消弭领主内讧，将中世纪野蛮好战的祸水引向东方。

基本小知识

克吕尼运动

10—11 世纪，罗马教廷势力衰微，教会私有化，教士堕落腐化。克吕尼修道院倡导改革，主张实行严格的禁欲主义，教士不得婚娶；禁止买卖圣职；要求独立，反对世俗统治者任命主教和修道院的续任权等。该运动得到罗马教廷的积极支持。该运动加强了教会，尤其是教皇的势力，从而引起神圣罗马帝国和教皇的冲突，主要表现为主教续任权之争。

再次，西欧城市商人力图夺取近东市场，独占东西方中介贸易。西欧城市商人，特别是意大利的热那亚、威尼斯、比萨和阿马尔菲等城市的商人，早在10世纪前后即在东西方贸易中，获利丰厚。当他们在同阿拉伯人斗争中，夺取了西部地中海的商业优势以后，更希望染指地中海东岸，以排挤拜占庭和阿拉伯人的商业势力，夺取东西方贸易的垄断权。

最后，西欧广大农民处境恶化，渴望到东方寻找出路。11世纪，西欧农民大部沦为农奴。苛捐杂税、封建领主混战、饥馑瘟疫并袭，置农奴于悲惨境地。在法国等地甚至出现了人相食的惨剧。广大农奴渴望自由和土地，更希望摆脱债务，逃出领主魔掌，到东方寻求一块安身立命的“乐土”。因此，东征之初，大批农民成为十字军运动的盲从者，实际上是农民自发的反封建斗争的畸形表达方式。

由上可知，在西欧社会复杂的矛盾运动的推动下，西欧社会各阶层对近东国家均虎视眈眈，蠢蠢欲动。恰在这时，近东国家在政治上的削弱，则给西欧侵略者以可乘之机。11世纪，塞尔柱突厥人崛起于西亚。1055年，它在实际上灭亡了巴格达的阿拔斯王朝，近东地区尽落其手。随后，向拜占庭进攻。1071年，双方会战于亚美尼亚的曼西克特，拜占庭惨败。塞尔柱人遂占有小亚细亚大部，建立塞尔柱突厥帝国，定都于尼西亚，时刻威胁着拜占庭的生存。但在1092年，苏丹马立克死后，塞尔柱国家旋即分裂，彼此内讧，已自我削弱。然而，拜占庭仍引以为患。1095年，拜占庭皇帝亚历克修斯遣使者向罗马教皇求救，为罗马教皇发动十字军远征提供了借口，使之更加师出有名。

十字军东征场景

1095年11月的克勒芒宗教会议乃是十字军东征的发端。会议期间，教皇乌尔班二世向封建主、僧侣、骑士和农民发表了欺骗性的演说，煽动人们踏上征途，进行一场“十字对新月”的战争，以拯救圣地耶路撒冷，夺回“主的坟墓”。同时，他毫不隐讳地指出，近东地区是“充满欢娱和快乐的天堂”，那里“遍地流着奶和蜜”；号召封建主停止争吵和混战，到东方去寻求“永恒的报酬”。于是，人们纷纷佩戴上远征的十字标记，整装待发。这样，表面上的宗教狂热与实际上的掠夺贪欲相结合，汇成滚滚浊流，涌向东方。

十字军东征从1096年始，至1291年止，间断历时达200年之久。其中除了1096年春的农民十字军和1212年的儿童十字军纯属盲动，使大批农民和儿童成为东征的殉葬品以外，以骑士为主力的东征共有8次，尤以第一次和第四次最为著名。

1096年秋，法、德、意三国骑士10万多人，在大封建主的领导下，分四路开始第一次东征。1097年春他们汇合于君士坦丁堡。拜占庭皇帝亚历克修斯强迫十字军首领向自己宣誓效忠，并利用十字军渡过海峡，收复尼西亚城。1097年夏，在多里列会战中，击败塞尔柱突厥主力，直趋叙利亚。十字军在争城掠地中发生内讧，并与拜占庭决裂。1098年6月，十字军攻占近东重镇安条克。1099年7月，十字军通过猛攻，占领并血洗圣城耶路撒冷，杀死7万人，不分妇孺，以致遍地污血，没过脚面。十字军劫掠全城，为得到居民死前吞下的黄金，不惜剖腹掏肠、焚尸扬灰。其凶残暴行，无情地暴露了十字军的侵略性质。

拓展阅读

特殊的阶层：骑士

骑士或称武士，是欧洲中世纪时，受过正规军事训练的骑兵，后来演变为一种荣誉称号，用于表示一种社会阶层。在此阶段的纷乱局势中，国王和贵族都需要一些在战争上具有压倒性优势的兵种，为此他们会悉心培育一些年轻人，使之成为骑士。骑士除了和贵族一样能够获得封地之外，也必须在领主的军队中服役。

作为第一次十字军远征的结果是，西欧侵略者占领了地中海东岸南北长达 1200 千米的土地，建立了耶路撒冷、艾德萨、安条克和的黎波里 4 个十字军国家。十字军在占领区按照西欧封建模式进行统治，移植了西欧的农奴制度，并制订《耶路撒冷条例》，从法律上加以确认。罗马教皇还建立了宗教性的军事组织——僧侣骑士团，长驻东方，以巩固十字军国家政权。因此，它具有封建军事殖民的特点。与此同时，意大利的威尼斯、热那亚和比萨等城市的商人，分得了被占领城市的 1/3 的土地，控制了海岸港口，建立了商站，取得了近东贸易特权。

然而，十字军国家内部矛盾重重，并不巩固。1144 年，艾德萨伯国被塞尔柱突厥人所攻灭，1187 年耶路撒冷等沿海城市亦被埃及的苏丹萨拉丁所收复。为此，先后进行的第二次和第三次十字军远征，虽以西欧诸国最高统治者为首领，但均无进展。

13 世纪初，教皇英诺森三世组织了以攻取埃及、收复圣城为目标的第四次十字军远征。但是，威尼斯总督丹多洛以商人的眼光和政客的手腕，扭转了远征方向，“变十字军的愚蠢行径为商业活动”，用来粉碎其商业劲敌拜占庭。1202 年 11 月，十字军替威尼斯攻占亚得里亚海东岸的萨拉城，作为抵偿威尼斯运送十字军所需费用的部分代价。随后，威尼斯又以帮助拜占庭废帝伊萨克二世复位为借口，怂恿 3 万十字军在 1203 年 6 月进抵君士坦丁堡城下。伊萨克二世为酬谢十字军，在首都拼命搜刮民财，激起民变，复被推翻。1204 年 4 月 13 日，十字军攻陷君士坦丁堡，纵兵劫掠 7 日，屠杀居民，侮辱妇女，抢劫财物。城内宫殿教堂的艺术珍品悉遭破坏，藏书丰富的图书馆亦被焚为灰烬。十字军掠夺的战利品不可胜计，仅正式分配给士兵的财物，价值即达 40 万银马克。十字军对信奉同一基督教的萨拉城和君士坦丁堡的野蛮劫掠，充分暴露了它“为宗教而战”的虚伪性，更明显地揭露了西欧僧、俗封建主侵略和掠夺的本性。

十字军占领君士坦丁堡以后，又占领了拜占庭的大部分领土，建立了拉丁帝国。教皇英诺森三世对于十字军的“业绩”，初则表示“愤怒”，继则踌躇满志，重新任命了君士坦丁堡大主教。威尼斯占有了 3/8 的拜占庭土地和克里特等爱琴海许多岛屿，成为海上强国，垄断了近东贸易。曾经盛极一时的拜占庭帝国，在十字军的沉重打击下，尽管以后重又复国，但从此一蹶不振，日趋衰落。

此后进行的第五次至第八次十字军远征日益式微，渐成强弩之末。在近东人民抗击下，十字军国家风雨飘摇，疆土日蹙。1291 年，它在东方的最后一个据点阿克失陷，耶路撒冷王国灭亡，十字军东征以彻底失败而告终。

十字军东征严重破坏了近东各国和拜占庭的社会生产力，给近东和西欧人民带来了极大的苦难和不幸。它在历史上留下的只是一座“人类疯狂和愚蠢的可怕纪念碑”。

知识小链接

英诺森三世简介

英诺森三世（1160—1216 年）罗马教皇，1198—1216 年在位。在巴黎大学攻读神学，曾闭门研修神学理论，1198 年当选教皇。在位期间教廷权势达到历史上的顶峰，积极参与欧洲各国的政治斗争，曾迫使英国、丹麦、葡萄牙、瑞士等国王称臣。发动过第四次十字军东征，批准天主教多明我会与方济各会成立。

“贞观之治”

唐太宗李世民是唐高祖李渊的次子，唐朝的主要创立者。在位 23 年，年号贞观，是我国历史上一位杰出的封建帝王。

武德九年（公元 626）六月四日，时为秦王的李世民发动玄武门兵变杀死太子李建成和齐王李元吉，不久，被李渊立为太子。同年八月，李渊又把帝位传给他，自为太上皇。李世民继位为唐太宗之后，勤于政事，励精图治，在政治、经济、军事和文化各方面都进行整顿和改革，奠定了立国规模。

唐太宗在政治上加强中央集权，健全“三省六部”制，发展科举，设立各级学校，注意选拔人才和考察吏治。颁布《唐律》，减轻刑罚，清理刑狱，

唐太宗李世民像

废除一些苛法。经济方面，实行均田制和租庸调制，规定役期最高限度和不夺农时的原则，推行以庸代役法。此外，还奖励开荒，兴修水利，以便农业生产迅速恢复和发展。军事方面，改革府兵制，抵御突厥和吐谷浑的侵犯，打败西突厥，将唐朝版图延伸到今新疆一带地方。对各民族地方政权，实行羁縻政策，主张各民族之间友好相处。文化方面，设史馆修六朝国史。广泛寻访和整理全国图籍，命魏徵、孔颖达等人编撰《群书治要》、《五经正义》等书，繁荣学术文化。

总之，唐太宗统治的贞观年间，唐朝的政治比较清明，社会经济得到迅速恢复和发展，社会秩序由大乱走向大治，文治武功都达到了空前的盛况，唐朝成了当时世界上最富强繁荣和文明昌盛的封建国家之一，堪称封建社会的"盛世"。所以，封建史学家都把这一时期称誉为"贞观之治"。

贞观时期的政治、经济成就，是隋末农民大起义迫使唐初的统治者部分地调整了封建生产关系的结果。当然，唐太宗个人的历史作用，也是不应否认的。

隋末农民起义爆发于隋朝还处于强盛的时期，而又推翻了这个强盛王朝的事实，使唐太宗感到震惊。他认识到人民群众真有翻天覆地的力量，要使唐朝免蹈亡隋的覆辙，对人民的剥削必须有所节制。不可"竭泽而渔"，特别是徭役不可太重。

基于这种认识，唐太宗实行了体恤民瘼，减轻赋役，关心生产，缓和阶级、民族矛盾，崇尚节俭的政策。

唐太宗知道要做到政治清明，就要善于用人，还要能纳谏。为此，他十分重视对于官吏的任用和广泛听取意见。

种种利民措施的实行才导致了“贞观盛世”的最终出现，也使得唐太宗李世民成为一代明君而永载史册。

基本小知识

三省六部制

三省六部制是中国古代封建社会一套组织严密的中央官制。它确立于隋朝，此后一直到清末。六部指吏部、礼部、兵部、度支（后改为户部）、都官（后改为刑部）和工部，基本沿袭未改；对于三省制，其中尚书省形成于东汉；中书省和门下省形成于三国时，目的在于分割和限制尚书省的权力。在发展过程中，组织形式和权力各有演变，至隋才最终形成，主要掌管中央政令和政策的制定、审核与贯彻执行。

赵匡胤黄袍加身

唐朝灭亡以后，我国的历史进入五代十国时期，出现了军阀割据的分裂局面。到了后周（951—960）的时候，周世宗柴荣任赵匡胤为殿前都点检，统领精锐的禁军，执掌后周的军事大权。959 年，周世宗死亡，7 岁的幼子柴宗训继位。960 年元旦，镇、定二州谎报辽和北汉兵南犯，后周朝廷命赵匡胤率禁军出城抵抗。赵率兵出京师（今开封），行军至城北 20 里的陈桥驿，其弟赵匡义和军中诸将把皇帝的黄袍加在赵匡胤的身上，拥立他当皇帝。

赵匡胤立即率兵回京师，殿前都指挥使石守信等在宫中做内应，于是，赵匡胤轻而易举地夺取了皇权。因为赵原是宋州归德军节度使，所以他把新建立的王朝叫“宋”。仍建都开封（又称汴梁、汴京、东京）。这就是历史上的“陈桥兵变”、“黄袍加身”。

赵匡胤（宋太祖）当上皇帝以后，首先想到的是如何巩固自己的统治地位。他对拥立有功的后周将领予以重用，任命慕容延钊为殿前都点检、韩令坤任侍卫马步军都指挥使、石守信任侍卫马步军副都指挥使，同领禁军。而对领兵在外，反对他篡权的后周将领，如昭义节度使李筠、淮南节度使李重进等，赵匡胤派兵前去镇压。960 年 11 月，李筠、李重进相继败亡，赵匡胤巩固了自己在原先后周范围内的统治地位。但是，赵匡胤还是卧不安寝。他深感五代以来朝代的更替，都是军事力量支配的结果，政权往往随军权的得失而转移。他自己就是利用手中的兵权夺取皇位的。怎样防止类似“陈桥兵变”、“黄袍加身”的事件发生，确保自己和宋王朝长治久安呢？他思虑再三的结果，认为必须收回兵权。

宋太祖赵匡胤

961 年，他首先罢免了慕容延钊、韩令坤等人统领禁军的兵权，并不再设立统领禁军的殿前都点检这个职务。对石守信等有特殊功劳的人，他不便于直接下令罢免，便在 961 年秋天的一个傍晚，宴请石守信等高级将领。席间，赵匡胤对他们说：“靠了你们，我才有今天。但做皇帝也很艰难，倒不如当节度使快活。我没有一个晚上睡得安稳。”石守信等人说：“大局已定，谁还敢有异心？”赵匡胤说：“你们固然没有异心，但你们的部下贪图富贵，一旦把黄袍加在你们身上，你想不干，能行吗？”石守信等人吓得满身大汗，涕泣叩头，第二天便称病辞职。赵匡胤顺水推舟，接受他们的辞呈，解除了他们的兵权，派他们出任已成虚衔的节度使。这就是历史上的“杯酒释兵权”。

宋太祖从高级将领手中收回兵权以后，进一步采取措施加强中央集权。首先是加强中央的禁军，把禁军中的老弱淘汰，选各州的勇壮兵士充实禁军，使禁军兵员增加到193000人（当时全国兵员只有378000人）。禁军由皇帝直接调遣、指挥。禁军外出作战，由皇帝指定将帅统领，并由皇帝制定作战方略，指示将领执行。驻守地方的厢兵，其精锐已被选拔到禁军，剩下的多系老弱，又不再训练，只服杂役，没有什么战斗力，所以地方上不能再拥兵割据。派出的禁军，定期轮换，家属留在京师，形同人质。禁军军官提升，调离原来队伍，使“兵不识将，将不识兵”。以免互相串通谋反。各州府派文官掌权，地方兵权也归各州管，这样，各地由武将担任的节度使，便成了没有兵权的光杆司令。这些措施，大大加强了中央集权，巩固了赵匡胤的统治地位。

宋太祖大权在握以后，就开始了他的统一大业。963年，他先派兵灭了荆南。965年，灭后蜀。971年灭南汉。975年灭南唐。976年，吴越王臣服宋朝，泉州节度使归附。这一年赵匡胤病死。他基本上完成了统一的事业，结束了五代十国的分裂局面，这是历史的进步。

基本小知识

禁　军

禁军是封建时代直辖属于帝王，担任护卫帝王或皇宫、首都警备任务的军队。因时代、文化与地域的不同，有其他异名同义的名称，如禁卫、亲卫、近卫、御林军等不同称呼。

契丹建立大辽

契丹是我国一个古老的少数民族。他们的祖先原先居住在我国东北辽河和滦河的上游，过着游牧和渔猎生活。从晋、南北朝到隋唐时期，契丹还处在氏族社会。契丹共分八部，每个部有一个部族长，称大人。八部共同推选一个大人，即部落联盟长，统率八部。八部既是以血缘关系为基础的生产组织，又是作战的军事组织。而部落联盟长主管军事。唐朝中晚期，藩镇割据，军阀混战，中原地区的汉族人民为避战祸而陆续迁移到长城以北，与契丹族杂居相处。加上契丹族与中原地区贸易交往的增加，于是他们学会了农耕、冶铁、织布、制盐和建筑房屋等生产技术，一部分契丹人开始了农耕生活。契丹族社会生产力的发展，使契丹社会从氏族社会进入了奴隶社会。

公元901年，契丹耶律氏的阿保机（872—926）被立为“夷离堇”，即军事首长。907年，经过部落选举仪式，他被推选为契丹族首领。他是一个善于骑射而又智勇双全的契丹族英雄。他在对外作战中获得很多牲畜和俘虏，成为契丹族最大的奴隶主。他设置“宿卫军”，即建立一支侍卫亲军来巩固和加强自己的势力。还设“惕隐”这样一种官职，负责调节奴隶主贵族集团内部的事务，巩固自己的统治地位。他在镇压了贵族内部的几次反叛活动以后，废除了部落联盟的选举制等旧制度，仿照汉族王朝的体制，于916年称“天皇帝”，建年号神册，并立自己的儿子耶律倍为皇太子，确立了皇权世袭的制度。他按原来八部居住的地区，分北府和南府，各设宰相进行地区性统治，并规定了各级官员的不同等级。他命官员仿照汉字偏旁创制契丹大字，参照回鹘语文创制契丹小字，以代替过去刻木契记事的落后方法。他命大臣“定治契丹及诸夷之法”，制定了辽朝的第一部法律——《决狱法》。他在潢河（今西拉木伦河）岸边的契丹故地“始置城邑”为皇都（即上京临潢府，今内蒙古巴林左旗附近）。这样，契丹奴隶主统治的国家就初具规模了。

阿保机称帝后，势力增强，向西侵掠突厥、吐浑、党项、沙陀诸部，向南侵掠中原，侵占了后梁和后唐的许多州县。926年，契丹国又灭了辽河、松花江一带的渤海国。这样，东起大海，西至阿尔泰山，南至河北、山西，北至蒙古高原和黑龙江下游，我国辽阔的北部都在契丹国的统治之下。926年，阿保机死，其次子耶律德光继位，继续向外扩张，从后晋取得了幽州（今北京一带）、云州（今山西大同一带）等十六州。后晋皇帝石敬瑭还得每年向契丹皇帝献帛30万匹，并自称“儿皇帝”。946年，耶律德光灭后晋。次年，改契丹国号为辽。

1004年，辽圣宗耶律隆绪率领20万人马南下侵宋，兵锋直达黄河北岸的澶州（今河南濮阳）城下，威胁宋都汴京。北宋朝廷屈膝求和，与辽订了

“澶渊之盟”，规定以白沟河为宋辽的分界线；北宋每年给辽绢 20 万匹，银 10 万两，双方停火，辽军北撤。从此，基本上确定了辽宋南北对峙的局面。

趣味点击 **杨延昭冰城退辽军**

公元 999 年冬十月，契丹国萧太后率军南下侵宋，直抵遂城。杨延昭登城观敌，见契丹军有数万余众，十倍于城内守军，急中生智，利用天时，命守军汲水灌城上，一夜使遂城成为冰城。翌日晨，萧太后对天长叹，神助宋也，遂下令退兵。延昭不失时机下令突开北门，乘敌退，猛追杀，大败契丹军，契丹军丢弃辎重车仗无数，死伤数千人。

辽朝的政治制度的一大特点，就是因地而治。还在耶律德光取得幽云十六州以前，就建立了北南面官制，用北面官（契丹官制）治契丹地，用南面官（汉制官职）治汉人州县、租赋、军马之事；仍保留汉人地区的封建制度。辽圣宗耶律隆绪时，对经济、政治制度都进行了改革，使封建制在整个辽朝逐步确立起来。辽朝势力也走向鼎盛时期。西夏、回鹘、高丽等都向辽朝纳贡。

由于辽朝贵族内部争权夺利的斗争，使得阶级矛盾的加深，不断发生奴隶起义和农民起义，使辽朝很快由兴盛转向衰落。1125 年，辽朝被新起的金国灭亡了。

女真建立金朝

女真是我国古老的少数民族之一，生活在黑龙江、松花江流域和长白山一带。隋、唐时史书上称“靺鞨”，他们过着以渔猎为主的氏族部落生活。唐朝政府在黑龙江下游设置黑水都督府，治理当地的黑水靺鞨。女真就是由黑水靺鞨发展而来的。唐亡后，五代时契丹族在东北兴起，女真受辽的统治。

10 世纪中叶，女真的社会生产力有了显著的发展，特别是女真中的完颜部在按出虎水（今黑龙江阿什河）一带，开始学会耕垦、炼铁等先进生产技术，势力逐渐强大。到乌古乃当部落首领时，完颜部统一了黑龙江和乌苏里江流域的广大地区，女真很快由氏族社会进入奴隶社会。乌古乃的孙子阿骨打，是女真的一位杰出领袖。他于1114年联合女真各部，发起反抗辽朝统治的斗争。1115年，女真摆脱了辽朝的统治，阿骨打在按出虎水附近的会宁（今黑龙江省阿城市白城）建立国家，国号金（女真语“按出虎”就是“金”的意思）。

女真奴隶主贵族建立金国后，继续对辽作战。阿骨打的继承人吴乞买（本名完颜晟）率兵南下攻辽，并于1125年俘辽天祚帝，灭了辽朝。1125年冬，金兵分两路南下，直抵宋都汴京（开封）城下。由于遭到北宋人民的反抗，金兵才退兵北撤。1126年金兵再次大举南下。1127年金兵攻下汴京，宋朝皇帝徽宗、钦宗等被俘，北宋亡。金兵曾多次进攻南宋，南宋朝廷向金屈膝求和，向金称臣并每年贡纳25万两白银和25万匹绢帛。东起淮河下游，西至大散关，这一线以北的土地统归金朝，形成了宋金南北分治的局面。

在金朝的初期，由于各地生产力发展水平的不同，各地经济制度也不一致。大体上原来女真的住地（即所谓金朝内地），仍是奴隶制，而在原先辽和北宋的地区，则是封建制。这种情况反映在金朝的政治制度上。在金朝内地，实行古老的勃极烈制，即皇帝以下设四个勃极烈，辅佐皇帝，组成最高的行政管理机构。在军事制度上，也还保留氏族社会末期的猛安谋克制（部落军事首长称猛安，氏族长称谋克。阿骨打规定三百户为一“谋克”，十“谋克”为一“猛安”，是军事和行政统一的组织）。而在原先辽、北宋的地区，基本上沿袭辽、汉官制。从金太宗开始，经过熙宗、海陵王时期的改革，金朝废除了勃极烈制，采用汉制。猛安谋克制也有了很大的变化。

各族人民不断开展反掳掠、反奴隶制统治的斗争，促使金朝的经济、政治制度进一步汉化、封建化。到金世宗（1161—1189年在位）时，金朝基本上完成了封建化的进程。金朝统治者为了巩固自己的统治，吸收契丹、汉族地主阶级分子参加政权，形成了以女真贵族为主的多民族联合的统治集团。这是金朝完成封建化的一个原因。金朝一方面把原先辽、北宋统治下的人民北迁到东北金朝内地，另一方面把大批女真人向内地南迁，从事耕作。海陵王还于1153年把都城迁到燕京（中都，今北京）。这些都有利于促进各族人民之间的交往和融合。

在金朝，由于各族人民之间的交往日益密切，经过各族人民的共同努力，社会生产力有所发展。农田开垦面积有所扩大，特别是东北松花江、嫩江流域的土地得到开垦。手工业方面，矿冶、纺织、制瓷等都比前代有所发展。但是，由于金朝统治集团的腐化，对人民剥削和压迫的加重，土地兼并加剧，激起了各族人民的反抗、起义，社会经济很快就衰落下去。1234年，金朝被蒙古所灭。

你知道吗

金朝共有几座都城

金代共三个都城，上京会宁府是金朝第一个都城，1153年海陵王迁都燕京（今北京）是为金朝第二个都城，称金中都，金朝第八位皇帝宣宗于1214年迁都汴梁（今开封）。

蒙古西征

十字军侵扰东方的远征失败以后，欧洲也同样遭到了外族的侵扰。那是亚洲北部的蒙古人进行的大规模的西征。

原来，蒙古民族从13世纪初开始，就在成吉思汗的领导下统一起来，组成了一支兵强马壮的队伍。他们在长期而又艰苦的草原生活中，锻炼出彪勇强悍的性格，又从我国的汉族学到了先进的军事技术，除了弓箭以外，还会使用火炮和飞火枪等新式武器。再加上他们骑术高明，行军迅速，打起仗来确实是很难应付的对手。因此，成吉思汗和这支蒙古军队所到之处，亚洲和欧洲的许多封建国家就难以招架，纷纷成为蒙古人的手下败将而被征服了。成吉思汗本人征服了中亚地区的花剌子模国以后，就派遣大将哲别率先头部队西征，一度接近了伏尔加河。但他本人在1227年死亡。更大规模的西征是由他的孙子拔都继续进行的。

从1235年起，拔都率领由蒙古各部长子、长孙组成的大军远征欧洲。像草原上刮起了不可阻挡的狂飙，他们在短短的时间里就占领了莫斯科、弗拉基米尔、乌克兰，随后是波兰、捷克、匈牙利、奥地利、南斯拉夫。连波兰、德意志和条顿骑士团的联军，也被打得大败。蒙古人一路远征，一直来到了亚得里亚海边，已经遥望到了意大利的威尼斯城。到1242年，不仅伏尔加河流域，半个欧洲都被他们的铁骑征服了。

成吉思汗

蒙古人能这样长驱直入，也是和当时欧洲的分裂混乱局面分不开的。欧洲人自己内部矛盾重重，自然很难团结起来，抵抗蒙古的侵略。当时许多俄罗斯王公无心作战，蒙古人来了立即举手投降。但是，当人民群众起来坚决抗击的时候，情况就不同了。蒙古军进入捷克后，在捷克军民的坚决抵抗下吃了败仗，只好撤退。总的说来，蒙古军队烧杀抢掠，给当地人民造成很多苦难。它的侵略和统治遭到各地人民的反抗。因此，拔都的远征并没能使大多数欧洲国家长久处在蒙古统治之下。13世纪中叶以后，蒙古人在欧洲的统治就局限在俄罗斯、乌克兰一带了。

蒙古的远征军不仅在欧洲长驱直入，还从中亚南下，攻占了波斯和伊拉克。这里原来是阿拉伯帝国的中心。1258年，另一位蒙古可汗旭烈兀攻下了阿拉伯帝国首都巴格达，灭了阿拔斯王朝，占领了西亚广大地区。旭烈兀是成吉思汗第四子拖雷的儿子、元世祖忽必烈的弟弟。这时，成吉思汗的三子及继承人窝阔台汗统率蒙古军队主力在1234年灭了我国北方的金国。不久，忽必烈继蒙古可汗，在中国建立元朝，又南下灭了南宋（1279年）。到13世纪末，除了元帝国以外，蒙古人还在中亚建立了察合台汗国，在西亚建立了伊儿汗国，在东欧、俄罗斯建立了钦察汗国。由于蒙古可汗住在“金帐”里，欧洲人也把钦察汗国称为“金帐汗国”。这些汗国虽然同属于蒙古帝国，但它们既没有共同的经济基础，又没有集中的统治机构，彼此之间，缺乏统一的纽带，各自求发展。它们的统治者一天天被突厥人和波斯人、俄罗斯人同化，下层军民信奉伊斯兰教、基督教的越来越多，加上内部矛盾激化和当地人民的反抗，到后来有的汗国瓦解了，有的被灭亡了。

广角镜

元朝的民族政策

元朝为维护蒙古贵族的专制统治权，采用“民分四等”的政策，把全国人分为四等：一等蒙古人，二等色目人（主要指西域人，是最早被蒙古征服的，如钦察、唐兀、畏兀儿、回回等），三等汉人，四等南人（指最后被蒙古征服的原南宋境内各族）。

当然，蒙古人四方征战的结果，绝不是在历史上没有影响的。它既然把欧亚大陆的一大片地区放在同一个民族的统治之下，这就加强了欧亚之间、东西方之间的经济交流和文化联系。蒙古人学习我国的驿站制度，在辽阔的帝国领土的交通要道建立了许多完善的驿站，为各大汗国互相沟通提供了条件。他们还注意保护国际商道，便利各族人民往来。正是在这种情况下，中世纪一直很沉寂的欧亚大陆的贸易交往又热闹起来了。许多欧洲旅行家可以来到他们梦想的“东方天国”，穿越辽阔的蒙古草原，游览富庶，美丽的长江、黄河流域。欧洲人来到中国，不仅把中国的文明介绍给欧洲，也把中国的许多技术发明传到了西方，对欧洲以及世界的历史产生了巨大的影响。

朱元璋建立明朝

元朝统治阶级推行民族压迫和阶级压迫政策的结果，使阶级矛盾日趋尖锐，人民处于水深火热之中。至正四年（1344）黄河南北大饥荒，第二年瘟疫流行，“民之死者半”，不少地方出现了人吃人的惨状。元朝末年，各族人民的反抗斗争和起义活动此伏彼起。而元末大规模农民战争的爆发，是从韩山童、刘福通发动治河民工起义开始的。

明太祖朱元璋

元朝末年，水利失修，黄河决口，元朝政府强征 15 万民工，重开黄河故道。广大河工在官吏和军队的奴役下，苦不堪言。韩山童利用秘密宗教组织白莲教会作为联络工具，在治河民工中秘密发动。他们宣传“弥勒佛下生，明王出世”。刘福通等人利用民族矛盾，提出了恢复宋朝的口号，说韩山童是宋徽宗的八世孙，“当为中国主”。他们还在修治黄河的要道上，事先埋下了一个一只眼的石人，然后四处散布童谣：“石人一只眼，挑动黄河天下反。”治河民工在河道上挖到石人，看到石人背上刻有：“莫道石人一只眼，此物一出天下反”，大为惊讶，以为童谣应验了，该造反了。

韩山童、刘福通抓住这个时机，于 1351 年 5 月在颍州境内正式起义。起义者头缠红巾做标志，所以称红巾军或红军。又因都烧香拜弥勒佛，所以又称香军。义旗一举，各地贫苦农民纷起响应，只 3 个多月，起义军就发展到 10 万人。邳州人芝麻李（李二）、赵均用等人率起义农民攻占徐州；王权（布王三）等起义农民攻占邓州、南阳，定远人郭子兴率起义农民攻下濠州（今安徽凤阳）。以上均属北方红巾军系统。同年 8 月，徐寿辉等在蕲州起义，攻下蕲水县和黄州，建立天完政权。南方各地白莲教徒和农民纷起响应，孟海马等占领襄阳。他们也以红巾为标志，属南方红巾军系统。除了南北两支红巾军以外，先后起义的还很多，较著名的有张士诚、方国珍等，活动于今江苏、浙江一带。一时间，大半个中国都燃起了起义的烈火。

基本小知识

白莲教

白莲教是北宋至近代流传的民间宗教。渊源于佛教的净土宗。相传净土宗始祖东晋慧远等在庐山东林寺结白莲社共同念佛。南宋绍兴年间，僧人茅子元在流行的净土结社的基础上创建新教门，称白莲宗，即白莲教。该教元、明、清三代在民间流行，农民军往往借白莲教的名义起义。

韩山童起义不久就被捕牺牲。1355 年，刘福通拥立韩山童之子韩林儿为小明王，建国大宋，年号龙凤，建都亳州。他们打出“重开大宋之天”的旗号，并发表文告，揭露“贫极江南，富称塞北”的不平等现象，以联络、号召各地起义军。

刘福通为了进军大都，推翻元朝，于 1356 年 9 月派三路大军北伐。东路军势如破竹，直抵大都近郊，吓得元顺帝也准备逃离大都。中路军从山西北进，攻下元上都，又挥戈东进辽阳、高丽。但由于三路大军没有互相配合，都是孤军深入，所以都被元军各个击破，北伐失败。在元军的反扑进逼下，刘福通退守安丰（今安徽寿县）。1363 年 2 月，已投降元朝的张士诚派兵围攻安丰，刘福通英勇牺牲。

南方红巾军中由彭莹玉率领的一支，转战江西、安徽、江浙一带。他们提出“摧富益贫”的口号，所到之处，官僚、富豪闻风丧胆，贫苦人民纷起响应，几乎摧垮了元朝在东南半壁的统治。但是，1353 年 11 月，彭莹玉不幸牺牲，南方红巾军受到严重挫折。徐寿辉建立的天完政权，虽然攻占了汉阳等许多城池，但内部却发生了分裂。1360 年 5 月，陈友谅杀徐寿辉，自称皇帝，建国号汉，改元大义。天完政权的另一将领明玉珍出走四川，建立夏政权。

1355 年在濠州起义的郭子兴病死，其部将朱元璋总领郭部诸军。朱元璋是贫苦农家出身，幼年丧失父母，入皇觉寺为僧。郭子兴起义，朱元璋投奔郭部。他英勇善战，很快受到郭子兴的重用。他总领郭部诸军后，乘元军与其他农民起义军交战的机会，不断扩充自己的势力。他吞并了巢湖的红巾军水师，率军强渡长江，于1356年攻占集庆（今南京）。他采纳朱升关于“高筑墙，广积粮，缓称王”的建议，鼓励农业生产，屯田积谷，并招纳儒士，吸收一些投降的地主武装，扩充实力。他先是集中兵力于1364年消灭了西面的陈友谅。然后于1366年公开发布文告，背叛红巾军，并派人暗害了小明王韩林儿，以扫除他篡权称帝的障碍。次年，他先后消灭了张士诚、方国珍，然后一面分兵南攻福建，一面派主力北进中原。1368年春，朱元璋在应天府（今南京）即皇帝位，建国号大明，年号洪武。

郑和下西洋

郑和本姓马，小字三保，云南人，回族人。祖拜颜，父哈只，皆信奉伊斯兰教，曾朝圣到伊斯兰圣地麦加，故郑和自幼即从父祖处了解到许多外洋情况。1381年（洪武十四年），明太祖命将征云南，郑和年十二，被掳送京师，太祖将他赐给燕王朱棣，成为燕王府宦官。

郑和铜像

郑和“身长七尺，腰大十围，耳长过面，齿若编贝，行如虎步，声音洪亮”。又善雄辩，极机警，勤劳谦逊，深得燕王赏识。靖难战争时，他三十左右，“有智略，知兵习战”，多立战功，燕王即位为明成祖，赐他姓郑，擢内官监太监。僧道衍招引他受戒为佛门弟子，人称“三保太监”或“三宝太监”。

郑和先后受明成祖、明宣宗派遣，率领一支庞大的舰队，从1405年（永乐三年）到1435年（宣德十年），7次下西洋。

7次航行中，以第一和第四次的规模最大。第一次率“宝船”62艘，第四次63艘，出海人员皆27000多人，最大的宝船九桅十二帆，航行大海，“维绡挂席，际天而行”。他们观看星宿，利用天文知识进行夜航，用水罗盘定航向，在洪涛接天、巨浪如山的大海上，“云帆高张，昼夜星驰，涉彼狂澜，若履通衢”。

郑和所下的西洋，是以婆罗洲为界，泛指婆罗洲以西至非洲东海岸。他的船队到过30多个国家，大致是占城（越南）、真腊（柬埔寨）、暹罗（泰国）、满剌加、吉兰丹、彭亨（马来半岛）、苏门答腊、旧港、爪哇、阿鲁、南勃里（印尼）、锡兰山（斯里兰卡）、溜山（马尔代夫）、榜葛剌（孟加拉）、古里、柯枝、南巫里（印度）、忽鲁谟斯（伊朗）、祖法儿、阿丹（也门），最远到达非洲东海岸的不剌哇、竹步、木骨都束（索马里）和麻林（肯尼亚）。郑和的远航，是闻名中外的壮举。

郑和下西洋

洪武、建文时，推行了一系列有利生产的措施，社会经济得以恢复发展，刺激了对国外物资的需求，一是人民需要日常生活用品，如染料、胡椒等；二是官僚贵族、皇宫内院需要外洋珠宝、香料、珍禽异兽，满足其奢侈生活欲望。再者明成祖夺了帝位，要借“耀兵异域”，在外洋扩大政治影响，以显示他的才能和威望，达到进一步巩固、强化他对国内统治的目的。郑和就是在这样的背景下7次下西洋的。

随郑和出海的人员中，有大量“官校”、“旗军”，纯粹是用于壮大声势，起自卫作用。船队只在旧港和锡兰山发生了一点武装冲突。“宝船”上满载金银、绸缎、瓷器等珍贵货物。郑和每到一地，就宣扬中国皇帝的威德，表示与各国通好的意愿，约请各国派遣使臣来中国，然后进行贸易。由于要“示中国富强”，故而贸易时郑和表现了一种“天朝上国”使者慷慨大方的气度，气氛也很和平友好。

郑和航海表明，中国是当时世界上最强大的国家，有最先进的造船业、航海设备和航行技术。郑和的航海比西方迪亚士发现好望角早 83 年，比哥伦布发现新大陆早 87 年，比达·伽马发现印度新航路早 93 年，比麦哲伦到菲律宾早 116 年。郑和下西洋促进了中国与亚非许多国家的友好往来和经济文化交流。

广角镜

郑和到达过美洲吗

英国学者加文·孟席斯提出的一种学说，称中国明代郑和船队可能先于哥伦布到达美洲大陆，先于麦哲伦完成环球航行。他支持这一观点的论据有三个：一是各种地图、星象图、航海图等资料。二是当地的有关记载和遗留下来的遗物，比如他在佛得角上发现一块石碑，上面的文字表明中国人或者亚洲人曾早于欧洲人到过此地。三是物种的相似，当时明代皇宫里出现过袋鼠，而且中国还出现了美洲的玉米。但该学说并未得到世人的肯定。

哥伦布发现新大陆

我们都知道新大陆是大航海家哥伦布首次发现的。

哥伦布出生在意大利的滨海城市热那亚。从小他就深深地爱上了海洋。后来，他当了水手，在多年的航海生活中积累了丰富的经验。他非常崇拜和向往中国的文明和财富。当他知道大地是球形的这种理论以后，就联想到：向西航行不也可以到达中国吗？这奇异的想法使他欣喜若狂，立刻写了一封信向意大利著名的地理学家托斯卡涅利请教。托斯卡涅利给他回了一封热情洋溢的信，告诉他：如果从大西洋一直向西航行，是可以到达中国和那些盛产香料、宝石的东方地区的。信中还附了一张航程的简图。其实，托斯卡涅利也和当时所有欧洲人一样，并不知道往西驶往中国的实际路程。但是，哥伦布仍受到极大的鼓舞。从此，他就把发现这条前人从未走过的新航路作为自己终生的事业了。

哥伦布给葡萄牙国王、西班牙国王和英国、法国的王室写信，呈递远航计划，请求资助，都没有结果。一转眼过去了七八年。最后，他终于得到了盼望已久的支持：西班牙王室资助他 3 只帆船和大部分航行费用，并让他带着西班牙王室致中国皇帝的国书，以王室的名义寻找通往东方的航路。为此，哥伦布得到了海军上将的头衔，成为他那只小小船队的司令官，而且可以在他新发现的土地上做总督。

1492 年 8 月 8 日，哥伦布指挥他的船队从西班牙的巴罗斯港扬帆起航。这位海军上将的装备非常简陋，3 只帆船又小又旧。其中最大的一艘，也就是哥伦布的指挥船，名叫“圣塔马丽亚”号，载重量只有 100 吨。另两艘“品达”号和“尼娜”号载重量只有四五十吨。船队的水手总共 87 名，都是临时凑集的，大部分是被罚做苦役的罪犯。他们对这次远航的目的没有什么认识，而且存在着一种恐惧的心理。

10 月 12 日凌晨 2 点，走在前面的“品达”号的水手首先发现了陆地。水手们欢呼着，赶忙把帆收起，停船等待天明。哥伦布心潮澎湃，以为自己已经到了印度的某一个岛屿或者日本列岛的边缘，下一步就要踏上中国的土地了。他完全不知道，他到达的竟是一个崭新的世界。

天色渐渐明朗，远方的岛屿越来越清楚，哥伦布手持西班牙王旗，率领部下乘着小艇登岸。他们看见岛上树木葱绿，土地肥美，水源充足。迎面吹来的微风传来花果的清香。更使他们高兴的是，岛上有人居住。这些土人面目和善，大都赤身裸体，对陌生的远方来客极为好奇。青年人体格健壮，身材匀称，相貌英俊。他们的头发短而粗，密密地垂在眉前，肤色既不白也不黑，还用各种颜料在身上画出图案——这是原始民族流行的文身风俗。当哥伦布把红帽子送给他们，把玻璃珠戴在他们颈上的时候，他们非常高兴，聚在一起听哥伦布哇啦哇啦地说着他们完全听不懂的话。后来，岛上的土人又带着鹦鹉、成束的棉线、木制的标枪等，游泳来到哥伦布的船上。哥伦布用玻璃珠、小铃等物品和他们交换。他们从未见过用金属制的刀剑，当西班牙人拿剑给他们看时，他们竟直接用手握住刀口，甚至把手指都割破了……

哥伦布把他首先登陆的小岛命名为“圣萨尔瓦多”（救世主的意思）。据人们考证，这个岛就是今天巴哈马群岛的威特林岛。哥伦布又航行到其他岛屿，到达了古巴——他猜想那里可能是中国的一个省。最后，他从海地岛启程回国。他发现，所有这些岛屿都是草木葱绿，气候宜人，居民也都和善健壮。唯一的遗憾是没有找到能够代表中国文明的任何迹象，也没有黄金和香料。他以为这是命运在捉弄他，使他来到了中国最贫瘠或最边远的一个地区，但他坚信他已到达东方，因此把当地的土人都叫做“印度人”。这也就是我们今天把美洲原有居民称为“印第安人”的由来。

后来，哥伦布继续对新大陆做过 3 次探险航行。但是，只热衷于抢掠财物的西班牙王室和贵族，不再支持哥伦布的航海事业，并且听信别人的诬陷，逮捕了他。哥伦布第三次远航结束时，竟是戴着手铐被押回西班牙。后来，他虽然被释放，并且再次西航，终于因为得不到人力物力的支持而中途停顿。1506 年，他在失望和悲愤中死去。

哥伦布第一个到达的新大陆，后来用了另一位意大利航海家亚美利哥的名字命名，叫“亚美利加洲”。但是，历史并没有抹杀哥伦布的功绩。“哥伦布发现新大陆”，已经成为人们的常识。继哥伦布以后，各国的冒险家、航海家争先恐后，扬帆远航，其中包括著名的麦哲伦的环球航行。

奥斯曼帝国的兴起

奥斯曼土耳其人是突厥人的一支，原居住在里海东南岸的呼罗珊一带，13 世纪时，因受蒙古西征的压力，辗转西迁，至小亚依附于塞尔柱突厥国家分裂后的鲁姆苏丹国。1242 年，鲁姆苏丹国在蒙古的侵袭下瓦解。而这支土耳其人在奥斯曼（1282—1326 年在位）的率领下，力量逐渐强大，于 1300 年开始自称

“爱米尔”（酋长），并宣布其领地为独立的公国。1301 年奥斯曼侵占了富庶的卑斯尼亚平原。1326 年，又从拜占庭手中夺得了布鲁萨城，并以此定为首都。从此，人们便称这个国家为奥斯曼国家，称这支土耳其人为奥斯曼土耳其人。

在奥斯曼的儿子乌尔汗统治时期（1326—1359），土耳其人建立了包括正规步兵和正规骑兵的常备军，还有由各部落组成的非正规的后备军。常备军训练严格，战斗力强，乌尔汗依靠这支部队，后来在对外扩张中发挥了重要的作用。

奥斯曼土耳其的统治阶级，一开始就把侵略的矛头指向衰弱不堪的拜占庭。1331 年奥斯曼击伤拜占庭的皇帝，夺取尼西亚城，随之把拜占庭的势力完全逐出小亚细亚。乌尔汗还利用了拜占庭王位内讧之机插足欧洲。1354 年，渡过达达尼尔海峡，占领加里波里，以此作为进攻巴尔干的桥头堡。

乌尔汗的儿子穆拉德一世在位时期（1359—1389），便自称苏丹，开始依靠强大的武力，大举进犯巴尔干。同时，一批又一批的土耳其人，因不堪新兴的帖木儿帝国的压力，也源源不断地渡海定居巴尔干。1362 年，土耳其人占领了亚德里亚堡，切断了君士坦丁堡与巴尔干内地的联系，并把首都迁至此地，改名为爱德尔纳，从此拜占庭首都陷于孤立。1371 年，土耳其军队在马里乍河附近打败了塞尔维亚、保加利亚、瓦拉几亚和匈牙利的联军。1389 年，科索沃战役则为土耳其力图控制整个巴尔干地区打开了道路。1396 年，尼科堡之战，土耳其又打败了匈牙利、波兰以及英、法、德等国联军，使欧洲为之震惊。

但到 15 世纪初，由于帖木儿帝国对小亚的进攻，加之土耳其统治阶级内部争夺王位的斗争，造成了土耳其帝国的一度衰落，才推迟了这个帝国继续对外侵略扩张的意图。

土耳其国力的恢复是在苏丹穆罕默德二世统治的时期（1451—1481）。穆罕默德二世决定对拜占庭展开新的攻势。1453 年，他亲率 20 万大军，300 艘战船，分成水陆两路，围攻君士坦丁堡。拜占庭方面虽组织抵抗，但由于力量悬殊，前后经过 53 天的激战，5 月 29 日，这个历史名城终于陷落于土耳其人之手。拜占庭帝国灭亡了，奥斯曼帝国再迁都至此，并改名伊斯坦布尔。

土耳其征服拜占庭之后，继续对外扩张。1461 年灭小亚北部的特拉布松国，1463年征服波斯尼亚，1479年又占领阿尔巴尼亚。此外，土耳其人还确立了对瓦拉几亚、摩尔达维亚的宗主权。在克里米亚，他们还占领了热那亚人在里海地区的殖民地及重要商业城市卡发，并迫使克里米亚汗称臣纳贡。雅典公国和爱琴海中的一些岛屿也被他们夺得。

16世纪时，奥斯曼土耳其继续向东西两方面扩张。苏丹塞里姆一世统治时期（1512—1520），伊朗被击败，埃及被灭亡，叙利亚、巴勒斯坦以及麦加、麦地那等城市都相继落入土耳其人之手。塞里姆一世曾自称是“两个圣城（即麦加和麦地那）的仆人”，成为伊斯兰教诸国的宗教领袖。到苏丹苏里曼一世统治时期（1520—1566），向西直取贝尔格莱德（1521），攻陷布达，围攻维也纳（1529），在欧洲势力扩张到多瑙河中游一带。向东他还派兵攻下巴格达，占领两河流域，吞并亚美尼亚和格鲁吉亚部分地区。在非洲，这时的土耳其还占领了的黎波里（1536）、阿尔吉利亚（1529）。后来又占领突尼斯（1574）。

总之，到16世纪时，奥斯曼土耳其帝国的疆域已囊括昔日拜占庭和阿拉伯帝国统治过的大部分地区，形成一个地跨欧、亚、非三洲的军事封建帝国。苏里曼一世在位时，是这个帝国的鼎盛时期，所以他曾被尊为“大帝”。

奥斯曼帝国在历史上有着重要的影响。它疆域辽阔，曾继承、传播和发展了阿拉伯的科学和文化。但长期的侵略战争，不仅给被侵略地区的人民带来灾难，而且也给土耳其人民带来困苦。1571年，苏丹塞里姆二世（1566—1574）继续向地中海扩张，在勒颁多海战中，被西班牙和威尼斯的联合舰队击败。此后这个帝国便开始逐渐走下坡路。

基本小知识

勒颁多海战

1570年，当奥斯曼帝国入侵地中海的塞浦路斯时，罗马教皇庇护五世发起组成了反穆斯林的“神圣同盟”。1571年10月7日，基督教国家的联合舰队和土耳其奥斯曼舰队在勒潘多海域展开决战。在这次作战中，联合舰队共击毁土耳其舰队舰船113艘，俘获117艘，缴获火炮274门以及无数金银财宝和细软，击毙土军将士3万人，俘虏8000人，使土耳其舰队几乎全军覆没。

移居美洲

虽说“哥伦布发现新大陆”已经成了历史常识，但那是欧洲人的观点和角度。严格地说，最先发现新大陆的并不是欧洲人，而是亚洲人。美洲大陆最初没有人类居住，印第安人的祖先是从亚洲迁移过来的。因此，印第安人的肤色、脸型都有点和我们中国人相像。他们在四五万年前从亚洲北方穿过当时冰冻的白令海峡进入美洲的，然后逐步向南迁移，终于布满整个美洲大陆。在长期的发展中，印第安人在各地形成了许多部落和集团，各有自己的文化和语言。其中一些比较发达的民族，像玛雅人、阿兹特克人和印加人，已经进入了阶级社会。

当欧洲人来到美洲大陆的时候，印第安人已经建立了富庶繁荣的城市。例如，西班牙人进入墨西哥以后，见到了当地阿兹特克人的首都特诺奇第特兰（现在的墨西哥城）。这个湖上都市有宽阔的广场、高大的神庙、美丽的宫殿和热闹的市场。白石砌成的建筑和色彩缤纷的热带花草相映成趣，景色十分迷人。西班牙人不得不承认，即使是欧洲著名的威尼斯、塞维利亚等城市，也比不上它的美丽。要知道，当时的特诺奇第特兰有二三十万人口，而伦敦才只有几万人。

古玛雅人劳作图

玛雅人生活在墨西哥南部和中美洲一带。他们心灵手巧，掌握了各种生产技能。靠海的捕鱼，内陆的种玉米，都能取得丰富的收获。他们从公元前 1 世纪开始陆续建立了好几百个小城镇，留下了许多令人惊叹的纪念物。

提卡尔在今天的危地马

拉境内。玛雅人在它的中心广场四周建造了4座高大的神庙，其中最高的一座高75米，有20层大厦那样高。建筑的整体像个三角形，坡度很陡，顶上还建了一座小神殿，气势非常雄伟。这4座神庙互相呼应，围绕着中心广场。广场的外围还有宫殿、市场……玛雅人就在这里进行隆重的宗教祭祀和政治集会。现在危地马拉政府已经把广场和神庙遗址清理干净，供各地旅客观光游览。它已经成为中美洲最著名的一个文化古迹了。

玛雅人精于雕刻和绘画。他们的神庙和纪念碑上都刻有精美的浮雕，建筑物内绘有壁画，日用物品也有美丽的彩画装饰。坐落在奇陈伊查（在现在墨西哥的尤卡坦半岛上）的“战士神庙”，是玛雅神庙建筑中最壮丽动人的一座。神庙前，有一个战士的坐像，造型奇特，形象逼真，气概不凡，使人看了流连忘返。第二次世界大战后，在墨西哥南部的波南帕克发现了一批保存完好的古代玛雅壁画，轰动了世界。这些壁画的人物刻画得很生动，色彩鲜艳明快，足以和我国敦煌的壁画媲美。

玛雅人也有很丰富的天文、数学知识。他们有长期的天文观测记录，很早就知道了年月和季节的变化规律。他们算出一年的具体时间是365加上1/3天，使用了比较准确的历法；他们还能预知日蚀的日期，测算了月亮和金星的运行周期。他们在天文学上的许多发现都走在中世纪欧洲人的前面。在数学方面，他们知道使用“0”这个数字。比欧洲人早800年。玛雅人的农业取得很大的成果，他们培植了玉米、番茄（西红柿）、马铃薯、甘薯、辣椒、南瓜等作物。这些为现代人们喜爱的蔬果都是在美洲最先种植的，后来才传到了全世界。

印加人居住在南美洲。在他们之前，南美洲已经有过一些部落。印加人把这些部落征服了，组成了一个幅员广阔的印加帝国。它的疆域包括今天的秘鲁、厄瓜多尔和玻利维亚、智利的部分地区。印加帝国的首都库斯科（在秘鲁南部）也是一个人口有一二十万的大城市。它用巨大的石块建造城墙和宫室，非常坚固。直到今天，当地人还在印加的墙垣上盖房子。库斯科的王宫拥有大量金银，它的太阳神庙非常壮观。殿堂内从墙基到屋顶都用金板覆盖，祭台上放着一个大金球，象征太阳；四周排列出千万支金条，象征太阳的光辉。这是因为印加人极其崇拜太阳。印加的金银都是从南美各地搜罗来的，这说明，南美洲的印第安人已经掌握了高度的冶金技术。他们制作的金银工艺品精巧美观，比起亚洲、欧洲的产品来并不逊色。不过，他们还不知道使用铁。

印加人统治的广大地区有一套严密的组织。他们把全国分成4个区，派总督和军队驻守，地区和中央联系很密切。为了保证统治有效。他们特别重视道路的建设。纵贯全国的大道南北长2500千米，像万里长城那样蜿蜒曲折，跨越崇山峻岭。路基都用坚硬的大石块铺成，异常牢固，比当时欧洲的公路好得多。印加的工匠虽然没有铁器，却能够开采最硬的花岗岩，砌成的建筑物结构紧密，接缝处连用手摸也察觉不出来。

拓展阅读

印加帝国遗址：马丘比丘

马丘比丘，也被称作“失落的印加城市”，是保存完好的前哥伦布时期的印加遗迹。马丘比丘是南美洲最重要的考古发掘中心，也因此是秘鲁最受欢迎的旅游景点。由于独特的位置、地理特点和发现时间较晚，马丘比丘成了印加帝国最为人所熟悉的标志。在1983年，马丘比丘被联合国教科文组织确定为世界遗产，是世界上为数不多的文化与自然双重遗产之一。

近 代

KUAILE YUEDU LISHI ZHISHI

简单地说，世界近代史就是一部世界资本主义的历史，是世界史的重要组成部分。从时间上讲，世界近代史指的是上起 1640 年英国资产阶级革命，下止 1918 年俄国十月社会主义革命胜利和帝国主义第一次世界大战结束，一共近 280 年的世界历史。在这段时间里，世界资产阶级革命风起云涌，争夺殖民地与反对殖民主义、帝国主义的斗争此起彼伏。

而在英国轰轰烈烈进行资产阶级革命的时候，中国最后一个封建王朝——清朝开始登上舞台。在外来文明的冲击下，在国内矛盾的激化下，在世界史上形成了一道独特的风景。

清军入关

满族的前身为女真，是我国东北一个古老的兄弟民族。居住在白山黑水之间。15—16 世纪已进入奴隶社会，属明朝辽东都指挥陆司和奴儿干都司管辖。16 世纪后期，女真出了一位杰出的领袖努尔哈赤，他以遗甲十三副，奋斗三十余年，基本上完成了女真各部的统一。在统一过程中，对女真社会经济、政治、军事与文化等方面进行改革，促进了女真社会的发展。万历四十四年（1616），努尔哈赤即汗位，建立“大金”（史称后金），都赫图阿拉（今辽宁新宾满族自治县）。此后，向明朝发动了一连串的进攻。天启六年（1626），努尔哈赤率 13 万军队进攻宁远（今辽宁兴城），遭到明将袁崇焕的英勇抗击，努尔哈赤负重伤死去，由第八子皇太极继承汗位。

知识小链接

袁崇焕简介

袁崇焕（1584—1630），字元素，号自如，广州府东莞县石碣镇水南乡（今属广东省东莞市）人。明朝末年的著名政治人物、领军文官，守卫山海关及辽东。曾指挥宁远之战、宁锦之战，构建“关宁锦防线”，多次击败后金部队进攻。后明廷以擅自与后金议和等罪判其凌迟。清干隆年间，清政府为袁崇焕平反，但史学界对其事仍有争议。

皇太极是中国历史上一位杰出的帝王。他统治东北时期，采取了一系列措施，促进女真社会由奴隶制向封建制过渡。政治上仿照明制度设立六部，内三院，削弱诸贝勒的权力，加强中央集权。经济上继努尔哈赤的“计丁授田”措施之后，进一步释放劳动力，“分屯别居，编为民户”，采取封建剥削生产方式。军事上把满洲八旗扩大为汉军八旗、蒙古八旗，共二十四旗，亲自掌握正黄、镶黄、正蓝“上三旗”，开创了清朝皇帝直接控制上三旗的先例。文化教育上，在沈阳开科取士，招降、笼络汉族地主官僚。皇太极继承了努尔哈赤未竟之业，进一步统一了东北地区，完成了满洲的封建化，并多次派兵绕道入关，深入河北、山东等地，为后来清军大举入关打下坚实的基础。

崇祯九年（1636），皇太极在女真贵族和蒙古王公的拥戴下，于沈阳即帝位，改国号为"大清"，改女真为满洲。从此，皇太极把主要力量放在进攻明朝上。1641 年，皇太极以重兵围锦州，大捷，打通了进入山海关的通道。也就在松锦大捷之后，1643 年皇太极病逝，第九子福临即位，年号顺治。叔父多尔衮摄政，准备入关抢夺农民起义胜利果实。

皇太极画像

自 1644 年 4 月 20 日李自成与清军山海关激战失利退出北京之后，清军兵分两路尾随追击。潼关失守，李自成弃西安，入襄阳，走武昌。1645 年 5 月，李自成在湖北通山九宫山遭地主武装袭击遇难。次年，张献忠领导的大西军北上抗清，在四川西充凤凰山遭清军的突击，张献忠也不幸牺牲。从此历史转入以大顺军和大西军余部的"联明抗清"阶段。清初农民军"联明抗清"，是明末农民起义在新的历史条件下的继续。

当李自成进占北京明朝覆亡之后，江南地主阶级先后拥立了福王、鲁王、唐王、桂王政权，历史上称为南明政权。南明政权在本质上是与农民起义相对立的反动政权，其中特别是福王朱由崧政权。在满洲贵族的"为尔等复君父之仇"的诱饵下，企图和满洲贵族"合师进剿，问罪秦中"，以镇压农民起义。但是，满洲贵族的战略方针，不仅仅是镇压农民起义，而是要统治全中国。清统治者入关后采取一系列诸如圈地、剃发、追捕逃人等反动措施，不仅激起广大汉民族人民的反抗，也包括一部分汉民族地主官僚投入抗清斗争。清军包围扬州，史可法坚守孤城，“城存与存，城亡与亡”，城破被俘，英勇就义。江阴、嘉定人民也在陈明遇、阎应元、侯峒曾的领导下展开轰轰烈烈的反剃发斗争，给清统治者以沉重的打击。虽然这些斗争都遭到清军的血腥镇压，但给全国人民抗清斗争以巨大鼓舞，其中特别是李过、郝摇旗、李定国、刘文秀等人所领导的大顺军和大西军余部的抗清斗争，成为中南和西南地区抗清的中坚力量。在新的历史条件下，农民军和南明政权实现联合，坚持斗争达 20 年之久，掀起二次抗清高潮，沉重地打击了清朝统治。

郑成功收复台湾

台湾自古以来就是中国的神圣领土。早在新石器时代，台湾和大陆即有着共同的文化联系。汉代台湾和澎湖列岛称为夷洲或澶洲。公元 230 年，孙吴派卫温、诸葛直率甲士万余人到了台湾；宋时台湾、澎湖隶归福建泉州晋江县；元时设巡检司，隶属于泉州道同安县，进一步加强了对台湾的治理；明依元制，万历二十七年（1599）正式命名为台湾。但是，17 世纪初，荷兰成为世界上最强大的殖民帝国，它在吞并印度尼西亚之后，组成“东印度公司”，多次对我东南沿海、台湾、澎湖地区进行侵略，成为中国人民最凶恶的敌人。明天启四年（1624），荷兰殖民者派兵侵入台湾西南的海港鹿耳门，修建台湾城（热兰

郑成功塑像

遮城，今安平）。第二年，又在台南修筑了赤嵌城（普罗文查城），作为控制台湾的据点。1642 年，荷兰人又从西班牙殖民者手里夺取了台湾北部的鸡笼（基隆）和淡水，独占了台湾。

荷兰殖民者侵占台湾后，为掠夺台湾地区丰富的资源，对我国台湾各族人民进行残暴地统治，激起台湾人民的激烈反抗。顺治九年（1652），郭怀一领导的武装起义，是台湾人民反抗荷兰殖民者规模最大的一次起义。起义军攻占赤嵌城，坚持斗争十多天，表现了中国人民反侵略的爱国主义精神。台湾人民在反殖斗争中，不断寻求大陆人民的支援，并把希望寄托在坚持抗清斗争的郑成功身上。

郑成功（1624—1662），福建泉州南安县人，原名森，字大木，是郑芝龙的儿子。因受隆武帝赏识，赐姓朱，改名成功。清顺治三年（1646）泓光政权覆亡之后，曾经拥戴隆武政权的郑芝龙不听郑成功的规劝，可耻地投降了清朝。郑成功对其父的投降非常气愤，决心“以死报国”，继续坚持抗清斗争。从 1647—1659 年，十多年间，郑成功以南澳、金门、厦门为根据地，多次进行北伐南征，并配合李定国领导的大西农民军，展开强大的攻势，其中特别是清顺治十六年（1659）郑成功、张煌言联军的北伐，声势最大，战果辉煌。可惜，由于郑成功麻痹轻敌，耽误战机，被清军击败。郑成功为了坚持长期的抗清斗争，也为了反抗荷兰殖民者对我领土台湾的侵夺，决定进军台湾。

郑成功收复台湾图

收复台湾的正义行动得到台湾人民的积极支持，曾经担任荷兰“通事”的爱国者何廷斌，向郑成功提供台湾地图，并自愿充当向导。1661 年 2 月，郑成功在厦门召开军事会议，正式作出收复台湾的决定。3 月，郑成功从厦门移驻金门，亲自率军队 25000 人，分乘大小战舰数百艘，从金门向台湾进发，29 日，避开敌人的炮火，从鹿耳门登陆，受到台湾汉民族和高山民族人民的热烈欢迎，随即包围了赤嵌城，荷兰守军被迫投降。郑成功军队进而包围台湾城，荷兰总督揆一负隅顽抗，在围困了 8 个月之后，郑成功最后发动了强攻，城内弹尽援绝。1662 年 2 月 1 日，揆一被迫在投降书上签字，狼狈地被赶出台湾。至此，被荷兰殖民主义者侵占达 38 年之久的台湾，又回到了祖国的怀抱。郑成功成为中国历史上伟大的民族英雄。

广角镜

清政府统一台湾

1683 年 6 月，施琅率清军两万多人、战船 230 余艘，先取澎湖，再打台湾。郑氏集团守军刘国轩部凭着坚固阵地拼死据守，但终究不敌，趁黑夜撤出阵地，乘船逃往台湾。施琅乘胜前进，于 8 月间在台湾鹿耳岛一举登陆成功。清军浩浩荡荡开进台湾，取得重大胜利。郑克塽率部削发改装，交出了明延平郡王的金印。清政府最终统一台湾。

开辟新航路

15—16 世纪初叶，西欧的葡萄牙、西班牙两国为了寻找通往东方印度和中国的海上航路，经过长期努力，分别开辟了绕过非洲直达印度和横渡大西洋到达美洲的航线。不久又完成了人类第一次的环球航行。

新航路的开辟不是历史的偶然现象，是有着深刻的社会背景的。

首先，西欧商品货币经济的发展和资本主义关系的产生，所引起的社会性的“黄金热”，乃是开辟新航路的根本原因。无论是王公贵族，还是庶民百姓，即使是富商大贾，或是新兴企业主，以至破产骑士和穷困潦倒的流浪汉等，都渴望着意外发财的机会，特别是渴慕得到黄金。然而，欧洲却是贵金属的贫矿区，而且欧洲黄金在东西方贸易的入超（贸易逆差）中，大量流向东方。所以，黄金两个字，变成了驱使西、葡国家横渡大西洋或绕过好望角，到达东方的神奇符咒和强大力量。

其次，15 世纪近东局势的变化，使欧洲人在东西方贸易中发生危机，乃是开辟新航路的直接原因。当时东西方贸易的传统商路严重受阻，严峻的形势迫使他们另谋出路，去探寻通达东方的新航路。

基本小知识

好望角

“好望角”的意思是“美好希望的海角”，但最初却称“风暴角”。好望角是位于非洲西南端非常著名的岬角。强劲的西风急流掀起的惊涛骇浪长年不断，印度洋的温暖的莫桑比克厄加勒斯洋流和来自南极洲水域的寒冷的本格拉洋流在此汇合，当浪与流相遇时，整个海面如同开锅似的翻滚，航行到这里的船舶往往遭难，因此，这里成为世界上最危险的航海地段。

新航路的开辟，最先是由葡萄牙人进行的。1415 年，葡萄牙人占领北非休达以后，即不断派出“海上远征队”，沿非洲西岸海域向南推进。1487 年 1 月，迪亚士到达非洲南端的风暴之角，葡王命名为“好望角”。经 10 年周密筹备，1497 年 7 月 8 日，达·伽马率船 4 艘和 160 人起航，11 月绕过好望角北上，次年 3 月 1 日抵达东非莫桑比克，复至马林迪。接着在著名的阿拉伯海员伊本·马治德的导航下，经 23 天，通过印度洋，于 1498 年 5 月 20 日抵达印度西岸的卡里库持，完成了东航路的开辟。

通向美洲的西航路是由西班牙人开辟的。1492 年 8 月 3 日，哥伦布率船 3 艘、水手 88 人，自巴罗斯港出发，经过 69 天航行，横渡大西洋，于 10 月 12 日到达巴哈马群岛中的瓦特林岛。哥伦布以为他发现的是印度，故称土著居民为印第安人。随后，他南航古巴，误认为到了中国，曾遣使带着西班牙君主的国书，去寻找中国的大可汗。1493—1504 年，哥伦布又 3 次航达美洲。

麦哲伦画像

直到死去，他并不知他在自西向东航行中，意外发现了美洲。到1499—1504年，一个叫做亚美利哥·味斯普奇的人曾数次到达南美东北部考察，才证实哥伦布发现的并非印度，而是一块“新大陆”。

人类的第一次环球航行，是由麦哲伦的船队完成的。麦哲伦曾在葡萄牙航海事务厅工作，并有多年在东方的航行实践。1513年，西班牙人巴尔波亚在巴拿马地峡对美洲西部大洋——“南海”的发现，更促使麦哲伦决心实现哥伦布自西航行，到达东方的宏愿。在西班牙赞助下，1519年9月20日，麦哲伦率船5艘，乘员265人，扬帆远征。渡大西洋，沿巴西海岸南下。次年10月，进入美洲南端海峡，后人命名为“麦哲伦海峡”。随后进入“南海”（太平洋）。1521年3月到达菲律宾群岛，基本上实现了自西航行到达东方的设想。麦哲伦在菲律宾被杀后，其余部后来在埃里·卡诺率领下，经过印度洋，绕过好望角，于1522年9月6日返回西班牙（仅剩下1条船和18名船员）。麦哲伦船队的环球航行实践，证实了地圆学说，对科学技术的发展和人类宇宙观念的改变均有重大意义。

开辟新航路对西欧诸国乃至整个世界的历史都产生了深刻影响。首先，它所直接引起的欧洲“商业上的大革命”和“价格革命”，加速了西欧封建制度的崩溃，促进了资本主义关系的成长。其次，新航路的开辟，加强了世界各大洲经济和文化的联系，促进了世界整体性的发展，具有巨大的进步意义。

英国圈地运动

圈地运动是指15世纪末叶至19世纪上半叶，英国贵族使用暴力手段大规模剥夺农民土地的过程。它历时三四百年之久，构成英国资本原始积累全部过程的基础。但其高峰时期，则在15世纪后30年到16世纪30年代的半个多世纪之中。15世纪末至16世纪初，“地理大发现”所引起的世界市场的形成和商路的大转移，使英格兰和佛兰德尔处于国际贸易的中心位置，极大地刺激了它们的羊毛纺织业的发展。

圈地运动

在上述背景下，英国商品货币经济最为发达的中部和东南诸郡的贵族们，最先开始大规模地圈地养羊事业，而后在扩及全国2/3的土地上进行。贵族地主最初将农民历来公用的森林、草地、池沼圈为已有。接着，他们驱使爪牙，手持刀剑棍棒等武器，使用暴力驱逐和强迫退佃等方法，将大批小农从土地上赶走，甚至毁灭整个村庄。然后，贵族们用栅栏、篱笆或壕沟，将大片农田圈围起来，改作牧场。或自营，或出租，均以资本主义方式雇佣少数牧羊人，放牧数以千计的羊群。

16世纪30年代，在英国以劫夺教产为特征的宗教改革中，亨利八世（1509—1547）下令查封和没收了3000多座教会和修道院的土地和财产。英王将其中大部分地产赠送给了自己的宠臣，或以开玩笑的低廉价格出售给了租地农业资本家和市民，使圈地运动获得了新的推动力。据资料统计，英国农田与牧场的数量比例，在15世纪中叶是（3—4）:1，而在16世纪中叶已是

1∶1了。

圈地运动在英国引发了重大的社会后果。其一，直接导致了农民处境的极端恶化。农民的生活资料和生产资料被剥夺，丧失了任何谋生的手段。他们背井离乡，四处乞讨，挤满道路，充斥街头。16 世纪前期，破产农民与被解散的封建家兵和被寺院抛弃的普通教士，共同汇成了一支流浪者大军。他们之中，弱者求生无门，转死沟壑，强者铤而走险，化为贼盗。都铎王朝曾颁布了一些禁止圈地的法令。但由于各级官吏本身就是剥夺农民土地的凶犯，要他们执行禁止圈地法令，无异于与虎谋皮。于是，都铎王朝转而颁布了一系列惩治流浪者的"血腥立法"，迫令流浪农民返回原籍，立誓参加劳动。凡是违令继续流浪者，或处以逮捕、鞭打、割耳，或判为奴隶、刺上烙印、戴枷服役，重者处以叛国罪，直至绞杀示众等等。都铎王朝对农民的残酷迫害，曾激起农民的激烈反抗。1549 年的凯特起义，就是农民以武装斗争方式，维护自己的土地权利和生存权利的正义行动。

其二，圈地运动引起了英国社会生产关系的重大变革。圈地运动乃是英国资本主义关系的发展深入农村的表现。农民土地的被剥夺是建立资本主义生产关系的基础。在圈地过程中，贵族地主将圈占的大部分土地出租给农业资本家，使用雇佣劳动进行生产，坐收资本主义地租。与此同时，一些城市企业主、富商和官吏也纷纷购置田产，剥削雇佣劳动。

圈地运动导致的土地占有关系的急剧变革，也加速了农民阶级的分化。富裕农民承租土地，购买田产，按照资本主义方式经营农牧，上升到剥削阶级之列。大多数租地小农，由于土地被剥夺，家园被焚毁，一贫如洗，变成雇农或佃农，即农村中的无产者和半无产者。

圈地运动是资本原始积累的典型形式。它通过赤裸裸的暴力手段，迫使直接生产者与生产资料相分离。它一方面将农民的土地转化为资本，另一方面，又通过国家政权的立法，将破产农民转化为工场手工业的廉价劳动力，从而为英国资本主义生产创造了必要的前提。

基本小知识

凯特起义

16世纪英国东部农民反抗圈地运动的起义。领导者为小贵族罗伯特·凯特。1549年6月，起义爆发于诺福克郡，并波及邻近各郡。起义军制订了《二十九条纲领》，要求停止圈地，允许农民使用公地，减轻租税，取消什一税，废除农奴制残余等。后在统治者镇压下，起义于8月失败。

查理一世上断头台

中世纪后期的欧洲，已经出现了资本主义萌芽，到了17世纪中期，资产阶级和封建专制的斗争，首先在英国激化起来。

1640年10月，英国国会突然逮捕了国王查理一世的亲信斯特拉福伯爵和洛德大主教，并且宣布要对他们进行审讯。这件事把国王惹恼了。事情发生的第二天，查理一世亲自来到了国会大厦。要求国会释放斯特拉福伯爵和洛德大主教。但得到人民支持的国会坚决反对国王的意见。就这样国会和国王之间的关系破裂了。

查理一世画像

那时候的英国，资本主义工商业已经有了很大发展。可是国王查理一世和封建贵族们仍然想维持专制统治，他们大肆搜刮工商业者的钱财，坐享其成。这就和资产阶级发生了矛盾。代表资产阶级利益的国会总想限制国王的权力，国王却不把国会放在眼里。查理一世监禁了不少国会议员，还派兵讨伐反对他的苏格兰人。大主教洛德和伯爵斯特拉福就是他的得力助手。这一次，国会在工人、水手、学徒和帮工的支持下，顶住了国王的压力，逮捕了他的两个助手，不久又宣布了斯特拉福的死刑（洛德也在以后被处死），这等于砍掉了国王的臂膀。

1642 年初的一天，查理一世经过一番策划，亲自带领卫队闯进了国会，要逮捕皮姆和汉普顿等 5 名议员。不料，他扑了个空，5 名议员已经躲到伦敦市内去了。

第二天，查理一世又指挥卫队进城搜捕。卫队刚进入城区，聚集在街道上的数万武装群众挡住了他们的去路，大家愤怒地注视着他们。这时候，远处又传来了一阵喊声，是外地的农民进城支持国会来了。人民的力量使卫队无法搜捕，伦敦市长也拒绝交出 5 名议员。查理一世十分懊丧，他知道自己在伦敦已经被孤立了。

3 天以后，查理一世带着随从离开伦敦，到了英格兰北部。这年 8 月，他在北部的诺丁昂郡升起了军旗，宣布要讨伐国会。国会被迫应战，一场国内战争开始了。

战争初期，训练有素的国王军长驱南下，一直打到离伦敦只有 50 英里（1 英里 = 1.609344 千米）的牛津。国会军接连败退，国会内部更是一片慌乱。有的主张打下去，有的认为应当和谈，大家争吵不休。幸好有成千上万的人民武装和坚固的城防，国王军才不敢从正面攻打伦敦。直到出现了一支能征善战的农民军和它的统帅克伦威尔，战争的局面才得到扭转。

克伦威尔是一个新贵族的儿子。他带着自己招募的 60 名农民骑兵加入了国会军队。这支队伍在历次战斗中都非常勇敢，越战越强，数量也不断增加，被称为“铁军”。正因为这样，克伦威尔得到了官兵的拥护，成了国会军的统帅。

1644 年 7 月的一个傍晚，在约克城西的马斯顿草原上，国会军和国王军相遇了。国王军的统帅鲁珀特和纽卡斯尔率领 1.1 万名步兵和 7000 名骑兵在草原深处摆下阵势。国会军的 2 万名步兵和 7000 名骑兵在这时候分八路发起了冲锋，迅速地朝国王军杀过来。鲁珀特没想到克伦威尔会这样迅速地发起进攻，急忙下令迎战。他们虽然打退了进攻左翼的国会军，但是中路已经被克伦威尔亲自率领的部队突破。克伦威尔带着骑兵再向国王军左翼杀过来，国王军骑兵抵挡不住，掉头逃出了战场。这样一来，国会军士气大振，一鼓作气地追杀起来。鲁珀特见大势已去，急忙带领手下兵将仓皇逃跑，国王军步兵也全部溃散了。国会军赢得了胜利，国王军从此一蹶不振。

第二年夏天，查理一世被国会军捕获，关在赫姆比城堡。后来他趁国会军内部发生矛盾的机会逃了出来，重新纠集支持者发动了第二次内战，但是很快又被打垮。查理一世终于没有逃脱当俘虏的下场。

查理一世上断头台

1649 年 1 月 27 日，法庭宣判查理一世是“暴君、叛徒、杀人犯和人民公敌，应处死刑”。1 月 30 日这天早晨，法官在白厅（伦敦的一条大街）的宴会堂外宣布了国王的罪行。王宫附近人山人海，立时爆发出一片欢呼声。历来不可一世的国王，破天荒地被推上了断头台。英国的封建王朝宣告结束了。

后来，英国的革命又经过几次反复，到 1688 年重新建立了君主立宪制。所以直到现在，英国还有一个名义上的国王（或女王）。不过，从那时候起，资产阶级已经掌握了政府的实权。英国的资产阶级革命第一次在欧洲的一个大国里推翻了封建专制，建立了资本主义制度。所以，它具有巨大的影响和深远的意义，成为世界近代史的开端。

知识小链接

克伦威尔简介

克伦威尔是英国政治家、军事家。17 世纪英国资产阶级革命中，资产阶级——新贵族集团的代表人物、独立派的首领。在 1642—1648 年两次内战中，先后统率“铁骑军”和新模范军，战胜了王党的军队。1645 年 6 月在纳西比战役中取得对王党的决定性胜利。1649 年，在城市平民和自耕农压力下，处死国王查理一世，宣布成立共和国。1653 年，建立军事独裁统治，自任“护国公”。

文艺复兴运动

所谓“文艺复兴”，是指14—17世纪中叶在西欧各国所兴起的资产阶级新文化运动。它是从整理、研究和吸收古代希腊、罗马文化开始的，资产阶级学者把它说成是古代文学、艺术的再现和复活，故称之为“文艺复兴”。

西欧文艺复兴大致分为三个阶段。

14世纪初到15世纪中叶为第一阶段。是文艺复兴的发生时期。这一阶段的基本特点是以意大利佛罗伦萨为中心，具有新思想的文学家但丁、彼特拉克、薄伽丘和艺术家乔托等，掀起了批判经院哲学的启蒙运动，提出了人文主义（即以资产阶级个人主义为核心的一种新的人生观和世界观）新思潮，标志着文艺复兴的开始，又称为“早期意大利文艺复兴”。

拓展阅读

但丁和《神曲》

《神曲》，意大利诗人但丁的长诗。写于1307—1321年，这部作品通过作者与地狱、炼狱及天堂中各种著名人物的对话，反映出中古文化领域的成就和一些重大的问题，带有“百科全书”性质，从中也可隐约窥见文艺复兴时期人文主义思想的曙光。在这部史诗中，但丁坚决反对中世纪的蒙昧主义，表达了执著地追求真理的思想，对欧洲后世的诗歌创作有极其深远的影响。

15世纪中叶到16世纪末为第二阶段，是绘画、文学和戏剧的全面繁荣时期。意大利出现了达·芬奇、米开朗基罗和拉斐尔等三大艺术家，使艺术达到空前繁荣，是为“后期意大利文艺复兴”。这个运动迅速扩大到德、法、英、西班牙等国，产生了伊拉斯莫、拉伯雷、莎士比亚、托马斯·莫尔、塞万提斯等许多人文主义学者，使西欧文艺复兴达到高潮。

17世纪初到17世纪中叶为第三阶段，是近代自然科学和新哲学兴起的时期。这一时期产生了哥白尼、伽利略、开普勒等著名自然科学家，以及法兰西斯·培根、笛卡儿和斯宾诺沙等唯物主义哲学家。

长达3个世纪的文艺复兴运动，推动了近代文明的诞生，揭开了资产阶级反封建斗争的序幕，从此使西欧步入世界文化发展的前列。

欧洲文艺复兴运动的产生，有着它深刻的经济和政治原因。文艺复兴之所以发源于意大利，是因为资本主义在这里产生最早。资本主义生产关系的萌芽，是文艺复兴出现的经济基础。

但丁画像

随着资本主义的发展，产生了新兴市民阶级反对封建领主的斗争。从10世纪开始，意大利北部一些城市摆脱了贵族的控制，相继建立了“城市共和国”。佛罗伦萨从1115年起获得自治权，1293年，最后推翻了贵族的统治，成立了具有资产阶级专政性质的佛罗伦萨共和国。它在资产阶级掌权后，积极要求建立新文化，为发展资本主义经济服务。因此，佛罗伦萨便成了意大利文艺复兴的中心。城市共和国的建立，是文艺复兴的政治保证。

此外，意大利保存了较多的古代希腊、罗马文化遗产，也是文艺复兴优先产生的条件。

到了16世纪，德、法、英、西班牙等国，都普遍出现了资本主义生产关系，新兴资产阶级已成长壮大，要求进一步发展和扩大新文化，因而发源于意大利的文艺复兴很快传遍了欧洲许多国家，产生了数以百计的人文主义巨匠。各国文艺复兴都各有特点，这正是它们历史发展上的差异在意识形态上的反映。

文艺复兴是资产阶级的新文化运动。它从根本上动摇了神学世界观的基础，摧毁了封建制度的精神支柱，解放了人们的思想，促进了科学文学艺术的繁荣，具有重要的进步意义。但正因为它是资产阶级的文化运动，所以，也不可避免地具有时代的和阶级的局限性。

基本小知识

城市共和国

11世纪的最后几十年中，意大利北部一些市镇开始自行任命它们自己的“执政官”，并赋予其最高的司法权力。而不顾教皇的权威和帝国的宗主权。更为重要的发展是在12世纪下半叶，执政官制度渐渐被另一种政治形式所取代，后者以统治委员会为中心，委员会的长官称为“最高执政官”，因为他们不仅在司法事务上，而且在行政事务上都拥有最高的权力或权威。

彼得一世改革

处在欧洲东部的俄国，最初只是一个小小的莫斯科公国。13世纪的时候，它和周围的许多封建公国都受蒙古金帐汗国的统治。后来，它依靠蒙古人，利用替金帐汗国收贡赋的权力，慢慢壮大起来，终于摆脱了蒙古人的控制，发展成为统一了俄罗斯地区的王国。1547年，伊凡四世不再满足于大公的称号，想做大皇帝，就自称起沙皇来了。这个沙皇的“沙”字，最初指的是罗马帝国的创立者恺撒。

到了17世纪，俄国仍然是一个落后的封建农奴制国家。地方的封建贵族拥有强大的势力，连中央政府的大权也常常受大贵族操纵。那时候，尼德兰和英国早已进行了资产阶级革命。另外一些先进的欧洲国家也开始走上了发展资本主义的道路。俄国被远远地抛在了后面。

1682年，一个刚满10岁的小沙皇登基了。他就是俄国罗曼诺夫王朝的第四代沙皇彼得·阿列克塞也维奇·罗曼诺夫（即彼得一世）。

他刚即位的时候，由于年岁小，由他的异母姐姐索菲娅摄政。彼得和他的母亲住在莫斯科近郊的普列奥布拉任斯基村。7年以后，彼得长大了。索菲

彼得大帝

娅开始感到恐惧，煽动御林军叛乱，图谋杀死彼得。彼得预先得到了这个消息，躲进了一个院墙坚固的修道院。他的两个近卫兵团和一个射击兵团立即开到这里保护他。由于越来越多的贵族和军队都转而支持彼得，索菲娅最后失败了，被关进了修道院。彼得开始亲自执政。他立志要学习西方，把一个贫穷落后的国家变成先进的强国。他对人们说，要打开通向西欧的窗口，让西方的风吹进俄国。

彼得急于打开通往黑海的出口。1695 年 1 月，他亲自率领 8 万军队，攻打土耳其，企图占领亚速海。但是由于俄国当时没有海军，无法切断土耳其的海上供应线，所以在这次战争中失利了。彼得并不灰心，用 1 年多时间建立了一支舰队，然后从水陆两路进攻土耳其。土耳其战败求和，亚速海落到了俄国手中。

然而，战争也暴露了俄国的弱点。彼得深深感到，仅仅依靠这点力量同其他强国较量是很难取胜的。他决定派一个使团到西欧各国考察。1697 年，这个使团出发，在西欧考察将近 1 年。彼得化名彼得米哈依洛夫，以下士的身份，随同前往。在考察期间，他十分留心西欧的先进科学技术。为了掌握造船技术，在荷兰的萨阿尔丹一家著名的造船厂里，他还当了一名普通的木匠。可是他那高大的身材和超人的气魄很快就让人认出他是彼得一世了。于是，彼得又悄悄来到荷兰首都阿姆斯特丹，在一家最大的船厂里当学徒，一干就是 4 个多月。后来，他又到美国一家造船厂学习造船理论。空闲的时候，彼得总是去参观手工工场、博物馆，访问著名的专家、学者，并且聘请一些人到俄国去任职。他在伦敦期间，还考察了英国的国家制度，出席过国会的会议，甚至参加了皇宫的化装舞会。彼得像一个好学的小学生，对西欧的生活、文化和技术都抱着认真了解和学习的态度。

彼得一世铜像

本来，彼得打算在西欧多住些时候，但是后来从国内传来了索菲娅再次策划叛乱的消息，只得急忙赶回莫斯科，平定了这次叛乱。195名叛军被绞死在诺沃得维奇修道院索菲娅卧室的窗外，有上千人先后被处死，索菲娅被迫出家当了修女。

平息叛乱以后，彼得开始在俄国推行全面改革。他集中力量发展工业，开办手工工场，向工场提供贷款和足够的劳动力。到他去世的时候，俄国的手工工场已经从20个增加到240个；生铁产量从1700年的15万普特增加到81.5万普特（1普特=16.38千克），并且开始向国外出口。彼得对发展商业也十分注重，征召了大批农奴开凿运河，建设通商口岸。为了保护本国的工商业，还下令“凡国内能够生产的产品，一律提高关税率”。

彼得重视改革文化教育，开办工程技术学校、航海学校、炮兵学校、造船学校、海军学院等专门学校，派遣留学生到西欧学习。他还创建了博物馆、图书馆和剧院，创办了俄国第一份报纸《新闻报》，由他亲任主编。

对于原来的那些守旧无能、臃肿混乱的政权机构，彼得采取坚决措施，全部取消，他设立了9人枢密院和9个中央机关委员会（后来增加到12个）。他还废除了大主教的职务，设立宗教院来管理宗教事务，使宗教从属于国家政权。把全国分为8个大州，下设50个省，地方政权完全属于中央。

彼得花了很大气力进行军队的改革。兴办兵工厂，造船、铸炮，改善军队的武器装备，在军队中首先使用马拉炮车，要求军队的各级指挥官在近卫军团和专门的学校接受正规训练。同时，扩大征兵，建立了一支拥有130个兵团、20万士兵的强大陆军和一支拥有48艘战舰和多艘小艇的海军。

彼得在改革过程中深深感到，过去按出身门第选用官吏这种制度的腐败，决定打破这个旧传统，根据能力大小来任用各级官吏。这一改革，使一些出身低微的人在政府中升任要职。彼得的第一位总检察长雅古任斯基童年时当过猪倌，他的亲信大臣、陆军元帅缅西科夫曾经在莫斯科街头卖过肉包子。

彼得的改革很有成效，俄国变得富强了，他向外侵略扩张的野心也大了起来。1700—1721年，俄国同北方的瑞典进行了长达21年的“北方战争”，目的是从瑞典手里夺取波罗的海的出海口。瑞典也是一个欧洲军事强国，打败它很不容易。1700年，俄军在纳尔瓦和瑞典打了第一个硬仗，被打得溃不成军，几乎全军覆没。一年后，彼得重整旗鼓，再次攻打瑞典在波罗的海沿岸的要塞，占领了诺特堡、尼思尚茨堡和纳瓦尔等城市。后来俄军又屡次取得胜利。1721年，双方签订和约，俄国从瑞典手中夺走了芬兰湾、里加湾沿岸土地。

彼得对于夺取波罗的海出海口是煞费心机的。1703年，彼得在涅瓦河口附近的科特林岛上修建喀琅施塔特要塞，同时又在叶尼萨利岛上建立彼得—保罗要塞。彼得—保罗要塞地处大涅瓦河、小涅瓦河的汇合点，控制着通向波罗的海的水路。彼得选中这块地方作为未来的首都，使它成为真正的通向欧洲的窗口。他驱使成千上万的农奴大兴土木，在这些荒岛上建起一幢幢房屋、宫殿和一座座堡垒。1713年，新首都的建设已经初具规模，为了炫耀自己的功绩，彼得就用自己的名字，给这个城市取名为彼得堡。不久，彼得下令把首都从莫斯科迁到这里。

1721年10月，俄国枢密院把“大帝”和“祖国之父”的称号献给彼得，俄国也正式改称俄罗斯帝国。彼得的野心很大。在东方，他派兵侵占了额尔齐斯河上游的全部土地，还妄想打到中国的长城脚下。但是，当时的俄国还没有这样大的力量，俄国侵略军被阻在雅美谢夫湖，被中国准噶尔军队消灭。

彼得的改革和连年的战争，的确打开了通向欧洲的窗口。但是受益的是大商人和贵族地主，人民群众却承受了改革和战争的全部负担。苛捐杂税压得他们喘不过气来。俄国社会的各种矛盾越来越尖锐。

列克星敦的枪声

隔着大西洋和英国遥遥相对的美国，最初是英国的殖民地。1606 年的圣诞节，有个叫克里斯托弗·纽波特的英国人率领 3 艘船和 120 名移民，沿着当年哥伦布走过的航线向美洲进发。到 1607 年初，他们在詹姆士河口建立了第一个英国殖民地弗吉尼亚。13 年后，一批流亡在荷兰的英国清教徒为了逃避本国政府的迫害，搭乘一艘名叫“五月花”号的船，来到了北美。他们以波士顿为中心，又建立了一个殖民地马萨诸塞。当时这个地方天气寒冷、一片荒凉。新来的移民们赤手空拳，缺衣少粮，大家依靠集体的智慧和艰苦的劳动，在当地印第安人的帮助下，终于度过了严寒、饥饿的冬天，在荒漠的土地上扎下了根。

这以后的 100 多年中，英国人在北美一共建立了 13 个殖民地。它们是：弗吉尼亚、马萨诸塞、康涅狄格、罗德艾兰、纽约、新泽西、特拉华、新罕布什尔、宾夕法尼亚、马里兰、北卡罗来纳、南卡罗来纳、乔治亚。这 13 个殖民地都由英国人管理。到了 18 世纪后半期，英国和美洲殖民地人民的矛盾加深了。殖民地的居民，无论是普通的工人、农民，还是商人、产业主和知识分子，都对英国人的蛮横和压榨愤愤不平。

时间久了，殖民地人民忍无可忍，感到只有起来反抗，争取民族独立和解放，才是出路。共同的命运、共同的经济利益，唤醒了他们的民族意识，使他们团结在一起，逐渐形成了美利坚民族。于是，“自由之子社”、“通讯委员会”等秘密组织在各地相继出现了；抵制英货、赶走税吏、焚烧税票甚至武装反抗的事件一起接着一起。

1775 年 4 月，马萨诸塞的英国总督兼驻军总司令盖奇得到了一个消息：在波士顿附近的康科德镇上，有“通讯委员会”的一个秘密军需仓库。盖奇立即传下命令，派军队前往搜查，没收这些军火。两天以后，一支由 800 名士兵组成的英军，由指挥官史密斯率领，连夜出发了。第二天凌晨，他们来到了离康科德还有 6 英里的小村庄——列克星敦。

英军在黎明前的薄雾中向前行进。忽然，他们发现在村外的草地上有几十个村民，正手握长枪，严阵以待。显然，这是要阻击英军。史密斯知道这些武装村民是列克星敦的民兵。他十分惊讶：这些民兵怎么这样快就知道了英军要来讨伐呢？他哪里知道，“通讯委员会”的侦察人员得到情报后，早已飞马急驰把消息报告给了列克星敦的民兵。列克星敦是通往康科德的必经之路，这两个地方的民兵已经联合起来了。

列克星敦哨兵

史密斯下令开火，民兵们立刻还击，枪声震响在列克星敦的上空。反对英国殖民主义、争取民族独立的第一仗，由这个英雄的小村庄民兵们打响了。几分钟以后，枪声逐渐稀疏。民兵们因为人少，加上地形不利，很快撤离了战场，分散隐蔽起来。有 8 位战士献出了生命。

史密斯初战得手，非常得意。他指挥英军进入村庄，大肆搜捕，却始终没有找到一个革命者。这伙殖民军又集合起来，直奔康科德。

康科德镇外有一条河，地势比较险要。英军到了镇口，只见家家关门闭户，镇上十分清静。史密斯猜测军火可能已经分散转移了，就下令搜查。士兵们跑遍了全镇，结果，除了糟蹋了仓库里的一些面粉，砸坏了 8 个铁炮的炮栓，放火烧了一堆木头以外，一无所获。

就在他下令返回波士顿的时候，镇外传来一阵喊杀声，喊声中还夹杂着清脆的枪声。原来，附近各村镇的民兵已经聚集在一起，向这里奔来。上午 9 点多钟，三四百名民兵包围了正在撤退的英军。他们埋伏在四面八方，从篱笆后面、灌木丛中、房屋顶上，射出了一排排枪弹，打得英军措手不及，不断有人中弹倒地。当英军举枪还击的时候，却找不到民兵们的人影。因为民兵在树林里边走边打，能主动出击，而不被敌人发觉。英军狼狈逃到了列克星敦。在这里，每一间房屋，每一堵墙，都是复仇者的掩体，英军再次受到这个小村庄民兵的阻击。

战斗一直持续到下午。最后还是从波士顿开来一支援军，才把史密斯的败兵救出了包围圈。这一仗，英军死伤240多人。

列克星敦和康科德的战斗震动了大西洋沿岸的13个殖民地。美国独立战争从此开始。几天以后，波士顿就陷入了民兵的包围之中，纽约等地也成立了游击队。紧接着，各地的游击队联合起来，攻占了一些大据点。到了5月份，在第二届大陆会议（就是美洲大陆各英属殖民地代表大会。第一次大陆会议是在1774年9月召开的）上，代表们决定组织自己的军队并任命乔治·华盛顿为大陆军总司令。

后来，每当美国人民庆祝独立战争胜利的时候，谁也不会忘记，正是列克星敦的民兵们，为这个伟大民族奠定了独立的第一块基石。正因为如此，列克星敦成为美国自由独立的象征，被人们赞誉为“美国自由的摇篮”。

北美独立战争

列克星敦的战斗过后半年多，各地自发的反英斗争此起彼伏。查尔斯顿附近的邦克山一战，打死打伤英军1000多人。驻波士顿英军被围困8个月之久。但是大陆会议一直没有下决心宣布独立。

1776年1月，资产阶级启蒙运动思想家托马斯·潘恩发表了他的名著《常识》，号召殖民地人民向英国宣布独立。不出一个月，这本激动人心的小册子就传遍了13个殖民地，人们到处都在阅读、传诵着。独立战争的领导人约翰·亚当斯看到这种情况后高兴地说：“独立像一股洪流，每天从四面八方向我们滔滔涌来。”在人民要求独立的呼声越来越高的情况下，大陆会议终于在1776年7月4日通过了由著名革命家、思想家和科学家杰佛逊、富兰克林等人起草的《独立宣言》，宣告了一个新国家——美利坚合众国的诞生。

美国宣告独立了，取得独立战争胜利的道路却是艰苦的。战争刚刚开始的时候，大陆军缺乏准备，华盛顿率领的军队，人数最多的时候只有1.8万人，军事物资奇缺，甚至几个人合用一支步枪。士兵们全凭满腔爱国热忱来抗击优势装备的英军。

拓展阅读

《独立宣言》的内容

《独立宣言》由四部分组成：第一部分为前言，阐述了宣言的目的。第二部分高度概括了当时资产阶级最激进的政治思想，即自然权利学说和主权在民思想。第三部分历数英国压迫北美殖民地人民的条条罪状，说明殖民地人民是在忍无可忍的情况下被迫拿起武器的，力陈独立的合法性和正义性。在宣言的最后一部分，美利坚庄严宣告独立。

独立战争的前3年里，大陆军一直处于劣势，英军节节进逼。纽约、费城先后被英军攻占。1777年9月，华盛顿带领军队退到了离费城不远的福治河谷，准备在那里休整。当时，华盛顿的军队士气不振，不少民兵组成的分队都分散回家，剩下的士兵不到5000人。这时候，又得到消息，英军将领柏高英率领7000英军，已经从加拿大出发，正向南进攻，在纽约的英军也向北出击，企图两头夹击，消灭华盛顿的军队，形势非常危急。

柏高英率领的英军是6月初从加拿大出发，沿圣劳伦斯河南下的。军队行进速度十分缓慢，7月底到达哈得逊河上游的爱德华堡，在那里又停下来等待从加拿大运来更多的军需品，直到9月初才进入新英格兰地区。新英格兰各州立即组织起两万民兵，抵抗英军，援助华盛顿的大陆军。9月19日，在弗里曼奇农庄，民兵同英军打了一场大仗，英军大败。固守在弗里曼奇农庄的英军只有撤退才能有生路。但是柏高英犹豫不决，失去了突围的机会。而大陆军和民兵正在密林屏障后面布下天罗地网。10月7日，英军再次战败，被迫退往萨拉托加，陷入了重重包围之中。军队中的印第安人和德国人成群开小差。连绵的秋雨使得柏高英一筹莫展。10月17日，他只得率领剩下的5000人投降了。

华盛顿总司令

萨拉托加大捷对美军来说是一个转机。英军的攻势终于被阻止了，后来的战事变得越来越有利于美军。

1778 年春天，英国政府撤换了北美英军总司令威廉·豪将军，任命庸碌无能的柯宁顿来代替他。柯宁顿上任不久，驻扎在费城的英军总部受到了海陆两方面的包围。华盛顿的军队就在附近，一支法国舰队根据 1778 年初签订的《美法同盟条约》，也已经开到靠近东海岸的海面。柯宁顿害怕费城英军的海上通路被法国舰队切断，慌忙撤出费城，退守纽约。华盛顿立即率军跟踪而至，进驻纽约附近的怀特普莱思斯，形成两军对峙的局面。

为了摆脱被动局面，英军集中优势兵力，在南方战线展开进攻。用了一年多时间，攻下了萨凡纳和查尔斯顿两个重要据点。柯宁顿以为南方的战局已定，就把部下康华利留下指挥战事，自己返回了纽约。

南方的战局的确对美军十分不利，这一次又是民兵帮助了他们。1780 年 10 月 7 日，瓦陶加地区的“山里人”游击队，把南卡罗来纳境内金斯山上的英军阵地彻底荡平。绰号“沼泽狐狸”的游击队领导人弗朗西斯·马里恩和安德鲁·皮肯斯、托马斯·萨姆特等人率领民兵不断打击英军，使英军损失惨重。

康华利低估了美军的战斗力，企图一举夺取弗吉尼亚和切萨皮可湾。他率领军队穿过北卡罗来纳，在维尔明顿得到海上供应线的补充，又进入弗吉尼亚。1781 年 8 月 1 日，攻占了约克敦。约克敦是一个小镇，可地势非常重要。康华利把它变成英军的军事基地，从这里控制着切萨皮可湾、弗吉尼亚和马里兰，同纽约的英军互相呼应。这样，约克敦就成了双方必争之地。

约克敦战役海军

华盛顿和罗尚博率领的1.5万美法联军，从纽约南下，9月在威廉斯堡集结。这时候，配合陆军作战的法国舰队，在海军上将格拉斯伯爵的率领下，已经从西印度群岛开进切萨皮可湾，并且打败了英国舰队，控制了海上通道。德·圣西门侯爵还率领4000名驻海地的法军，随船开赴约克敦。康华利的军队陷入了重重包围，海上的退路也被切断。1781年10月17日，美法联军发起总攻。康华利企图突围，率领军队强渡约克河，可是没有成功。两天以后，走投无路的康华利把他佩带的宝剑双手呈给华盛顿，宣布投降。当7000名英军把武器放在服装破烂的美军面前时，美军乐队奏起了欢快的乐曲。这一天，距“列克星敦的枪声”刚好过去了6年6个月。

约克敦战役后，英军士气低落，思乡厌战的情绪使军队失去了战斗力。北方和南方的战事基本结束，只有西部和海上还有战斗发生，但已经挽救不了英军失败的命运。1782年10月，美国、英国、法国和西班牙的代表开始在巴黎举行谈判。西班牙要求得到美国西部广大领土，法国则企图取得加拿大。由富兰克林、亚当姆斯和杰伊等5人组成的美国代表团见此情景，不顾大陆会议的指示，撇开西、法两个同盟国，直接同英国举行谈判。1783年9月，双方

你知道吗

什么是三权分立

三权分立亦称三权分治，是西方资本主义国家的基本政治制度的建制原则。其核心是立法权、行政权和司法权相互独立、互相制衡。三权分立具体到做法上，即为行政、司法、立法三大权力分属三个地位相等的不同政府机构，由三者互相制衡。是当前世界上资本主义民主国家广泛采用的一种民主政治思想。

正式签订和约，英国承认美国独立。历时 8 年的美国独立战争结束了。4 年以后（1787），美国第一部宪法诞生，确立了国会、总统和最高法院“三权分立”的政治体制。1789 年 8 月，华盛顿当选为美国第一任总统。

美国独立战争不仅开创了现代文明的美国历史，给美国人民留下了光荣的革命传统，而且给了欧洲资产阶级革命以强大的推动力。

攻占巴士底狱

在法国巴黎市区的东部，有一个巴士底狱广场。200 多年以前，举世闻名的巴士底狱曾经耸立在这里。巴士底狱是一座非常坚固的要塞。它是根据法国国王查理五世的命令，按照 12 世纪著名的军事城堡的样式建造起来的。当时的目的是防御英国人的进攻，所以就建在城跟前。后来，由于巴黎市区不断扩大，巴士底狱要塞成了市区东部的建筑，失去了防御外敌的作用。到 18 世纪末期，它成了控制巴黎的制高点和关押政治犯的监狱。

攻占巴士底狱

巴士底狱高 100 英尺（1 英尺 = 0. 3048 米），围墙很厚，有 8 个塔楼。上面架着 15 门大炮，大炮旁边堆放着几百桶火药和无数炮弹。它居高临下，俯视着整个巴黎，活像一头伏在地上的巨兽。凡是胆敢反对封建制度的著名人物，大都被监禁在这里。巴士底狱成了法国专制王朝的象征。

多少年来，人们像痛恨封建制度一样痛恨这座万恶的巴士底狱。许多人曾经做过推倒巴士底狱的尝试，可惜都没有成功。然而，人们的希望没有落空，他们终于盼到了这一天。1789 年，法国爆发了大革命。巴黎的警钟长鸣，工人、手工业者、城市贫民纷纷涌上街头，夺取武器，开始了武装起义。

法国人民早就痛恨国王、僧侣和贵族。僧侣是当时法国封建社会的第一等级，贵族是第二等级。其他各种人都归入第三等级。第一、第二两个等级的人数不过 20 多万，只占全国总人口的 1%。但是，他们有钱有势，骑在人民头上作威作福。法王路易十六就是他们的总头子。他同僧侣贵族狼狈为奸，弄得民不聊生。新兴的资产阶级也因为政治上没有权力而受到欺压。

18 世纪后期，国王和他的大臣们眼看国库空虚，就用尽一切办法搜刮钱财，好继续吃喝玩乐。为了这些，他还在 1789 年召集已经停止了 175 年的"三级会议"来筹款。可是，第三等级的代表识破了国王的诡计，他们趁开会的时机，提出了两点要求：第一，限制国王的权力，把三级会议变成国家的最高立法机关；第二，改变按等级分配表决权的办法，要求三个等级共同开会，按出席人数进行表决。国王路易十六听了这些要求，暴跳如雷，认为第三等级大逆不道。他偷偷把效忠王朝的军队调回巴黎，准备逮捕第三等级的代表。消息传出来以后，巴黎人民群情激愤，怒不可遏。于是，酝酿已久的一场大革命就这样爆发了。

1789 年 7 月 13 日这一天，手执武器的人群攻占了一个又一个的阵地，巴黎市区到处都有起义者的街垒。到了 14 日的早晨，人民就夺取了整个巴黎。最后只剩下巴士底狱还在国王军队手里。

"到巴士底狱去!"起义队伍中响起了呼喊声。起义者不约而同地从四面八方涌向巴黎的最后一座封建堡垒。

守卫巴士底狱的士兵从房顶上和窗户里向起义者开火，塔楼上的大炮也开始轰击。

冲在前面的起义战士被暴风雨般的火力压住，无法接近巴士底狱，大家就从周围的街垒向巴士底狱还击。他们没有大炮，只有从各处寻来的一些旧炮，甚至几百年前铸造的长满铁锈的古炮也加入了战斗行列。他们没有炮手，只有一些自告奋勇的人出来开炮。然而，这些古炮和旧炮在被战斗激发起昂扬情绪的起义者手里，终于发出了轰鸣。一排排炮弹撞击在监狱墙上，打得烟雾弥漫，砖屑纷飞。一部分守军终于举起白旗投降了。吊桥徐徐放下，起义群众冒着另一部分拒降的守军射来的弹雨，冲了进去。

攻占巴士底狱成了全国革命的信号。各个城市纷纷仿效巴黎人民，武装起来夺取市政管理权，建立了国民自卫军。在农村，到处都有农民攻打领主庄园，烧毁地契。不久，由人民组织起来的制宪会议掌握了大权。这一年，制宪会议颁布了“废除一切封建义务”的“八月法令”，紧接着又通过了著名的《人权宣言》，向全世界庄严宣布了“人身自由，权利平等”的原则。

基本小知识

人权宣言

《人权宣言》(1789年8月26日颁布)，是在法国大革命时期颁布的纲领性文件。人权宣言以美国的《独立宣言》为蓝本，采用18世纪的启蒙学说和自然权论，宣布自由、财产、安全和反抗压迫是天赋不可剥夺的人权，肯定了言论、信仰、著作和出版自由，阐明了司法、行政、立法三权分立、法律面前人人平等、私有财产神圣不可侵犯等原则。

海地共和国诞生

“海地”这个名字来源于印第安语，意思是“多山之国”。海地物产丰富，尤其盛产甘蔗，然而，地方虽富，却被殖民者所控制着。海地岛于1492年为哥伦布发现，随即沦为西班牙的殖民地。1697年，海地岛的西部转归法国所有，东部仍属于西班牙。法国人称这个岛为圣多明各，西班牙人仍称它为小西班牙。西班牙殖民者对岛上印第安人实行极其残忍的种族灭绝政策。到16世纪30年代，岛上原有的十多万印第安人几乎全部被消灭了。海地是黑奴的地狱。白人奴隶主视黑奴如同牛马，任意鞭打、断手、割耳、绞死、火焚。在法律上，黑白混血种人和自由黑人受到殖民者的严格限制和歧视，例如禁止他们穿与白人相同的衣服，禁止他们戴宝石、乘马车，禁止他们在军队和政府机关中供职，甚至不准去巴黎旅行。

因此，一向受到最残酷压迫的奴隶每隔五年到十年就要举行一次大规模的起义或暴动，并组成名叫“马隆”的游击队在深山中长期坚持斗争，以致殖民者不得不哀叹自己“简直是在火药桶上走路”。

美国独立战争和1789年法国大革命，对海地人民产生了强烈的影响。有许多海地黑人参加过美国独立战争，有少数海地黑白混血种人和自由黑人留学法国，受到法国资产阶级革命思想的熏陶。美国和法国革命提出的自由、人权平等、人民有权反抗压迫等资产阶级民主思想，大大激发海地人民的革命觉悟，促进了海地黑人奴隶革命的爆发。

1790年，在文森特·奥赫的领导下爆发了第一次自由有色人种的武装起义。由于起义只是孤立行动，很快被镇压下去。

杜桑·卢维杜尔

1791年8月22日夜，海地自由有色人种以击鼓为号再次发动了武装起义。这次起义有大批黑人奴隶参加。奴隶们烧毁种植园，顿时1200个咖啡场和200个蔗糖场火光冲天，他们搜捕十恶不赦的奴隶主，给以严厉的惩罚，仅起义的头两个月就有2000名白人殖民者被杀。奴隶起义的领导人是举世闻名的杰出的黑人领袖杜桑·卢维杜尔。杜桑原是奴隶出身的马车夫，年轻时读过启蒙学者的著作，革命斗争把他锻炼成为具有军事才能的起义军领导者。在杜桑的领导下，起义队伍所向披靡，顽强地坚持斗争，采取各个击破的办法，首先赶走西班牙殖民者，接着又在1798年10月迫使英国撤走它全部的侵略军。到这时候，忙于欧洲战争的法国无法再进行干预，杜桑所率领的起义队伍事实上已经控制了整个海地岛的局势。

1801 年，杜桑把西班牙人从海地岛的东部清除了出去，解放了整个岛屿。接着，他颁布了宪法，大力发展经济，巩固新建立的革命政权。杜桑被推为终身执政者。

海地人民的胜利，使拿破仑大为恐慌。拿破仑久已梦想以海地为跳板，建立一个美洲帝国，现在看到黑人起义打乱了他的计划，恼羞成怒，悍然在 1802 年派他的妹夫黎克勒将军率领 54 艘战舰、近 3 万人的庞大远征军，横渡大西洋去海地镇压革命。对此，杜桑·卢维杜尔向海地人民发出号召："上帝给了我们自由，法国人就没有权利把它抢走。我们要把城市烧光，把粮食毁掉，用大炮把道路轰断，在井水里下毒，让白人看看他们到这儿来一手造成的地狱。"在几个月的激烈战斗中，由于黑人浴血奋战，法国侵略军一筹莫展，连吃败仗。黎克勒在战场上不能取胜，就运用诡计，借谈判的机会逮捕了杜桑·卢维杜尔，加上镣铐，押送法国。1803 年 4 月 7 日，杜桑病死于狱中。

杜桑·卢维杜尔的被捕和牺牲激起了海地人民更大的反抗。全体黑人在杜桑的战友戴沙林等统率下，继续顽强战斗。由于黑人的誓死抵抗和热带黄热病的侵袭，法国侵略军损失惨重。海地成了埋葬拿破仑侵略军的坟墓。海地人民继承了杜桑的遗志，与法国殖民者战斗到底，打死打伤敌人 35000 人，黎克勒本人也被黄热病所吞噬。法国舰队最后载着 8000 老弱残兵驶离该岛，途中又全部被英国海军俘虏，法国殖民军遭到全军覆没的下场。

1803 年 11 月，通过《独立宣言》，它宣布："圣多明各宣布独立了，我们恢复了我们原有的尊严，维护了我们的权利，我们宣誓，永远不把我们的权利委弃给任何强国。"1804 年 1 月 1 日，海地人民正式宣布独立，并恢复了印第安人的传统名称——"海地"。

海地革命是拉丁美洲第一次取得胜利的黑人革命，它第一次废除了黑奴制度，第一次依靠黑人自己的努力赢得了自由，第一次建立黑人共和国。它揭开了整个拉丁美洲革命的帷幕，为拉丁美洲被压迫人民争取民族独立的事业树立了光辉的榜样。

基本小知识

黄热病

黄热病，又俗称“黄杰克”、“黑呕”，是由黑热病病毒所致的急性传染病，主要媒介在城市是埃及伊蚊，在农村为趋血蚊和非洲伊蚊，传播途径是经蚊的叮咬。历史上流行地区曾波及南美、北美、非洲及欧洲，对人类造成了极大灾难。

巴西独立

巴西是拉丁美洲最大的一个国家。从16世纪初起，葡萄牙殖民者交替使用野蛮的武装侵略和狡猾的分化政策，在印第安人的鲜血和枯骨上，建立了一个庞大的殖民帝国。葡萄牙王室通过设在巴西的总督，对巴西保持政治上的殖民统治，经济上的掠夺剥削。“巴西”国名就是由于在殖民征服时期，主要出口一种可以从中提取染料被称为“巴西”的贵重红木而得名。巴西盛行大种植园制度和奴隶劳动制度。一小撮富有跋扈的大封建领主和大种植园主严密地控制着巴西社会。

18世纪下半叶，巴西的社会经济有了一定发展，出现了铸造、家具制造、皮革和造船等最初的手工工场。同英国的贸易迅速增长，进入巴西口岸的英国船只已是葡船的10倍。随着殖民地社会经济实力的增强，巴西土生白人种植园主、商人和手工工场主对宗主国阻挠殖民地发展经济的政策日益不满，要求独立的意识越来越浓。

从葡萄牙殖民者踏上巴西领土的那一天起，巴西的土著居民，移居的劳动人民就没有停止过反抗殖民统治的斗争。18、19世纪先后爆发的北美十三州殖民地独立战争、法国资产阶级革命、海地革命和西班牙美洲殖民地的独立战争，都给予争取独立的巴西人民以巨大鼓舞，也为他们的斗争创造了极为有利的国际环境。1789—1792年，在米内斯吉拉斯省出现了由牙医希尔

巴西独立纪念碑

瓦·哈维尼（“拔牙者”）领导的青年知识分子密谋组织的反抗活动。1806 年，圣保罗、巴依亚等地区的黑人也曾举行过多次起义。

1807 年底，拿破仑军队大举攻入葡萄牙。葡萄牙摄政王若奥带领王室，在英国舰队的护送下，仓皇逃到巴西。巴西事实上成为葡萄牙王国的中心。若奥为了安抚渴望自由贸易的种植园主和一部分中小资产阶级，缓和巴西人民日益增长的民族情绪，同时也为了争取英国支持，宣布开放巴西所有港口，取消王室的垄断专营政策，减低进出口货的关税，并在 1815 年底宣布成立“葡萄牙—巴西—阿尔加尔弗联合王国”，自任国王，称若奥六世，形式上巴西与葡萄牙具有同等地位。

但是，这一切并没有缓解巴西人民与葡萄牙统治者的矛盾。王室及其随来的大批官僚、贵族生活耗费巨大，而且占用里约热内卢全部最好的住宅，垄断了政府一切高级职位，加上 1816 年与阿根廷争夺乌拉圭战争的失败，大大增加了巴西人民的负担，这一切进一步激化了巴西各阶层人民的不满。1817 年 3 月 6 日，伯南布哥的土生白人掀起大规模起义，宣布成立共和国，起义坚持了 76 天，最后被镇压下去。巴西人民连绵不断的起义斗争沉重打击了殖民当局统治。但是，由于当时土著印第安人、黑人和其他劳动群众限于历史条件，尚不能提出明确的斗争纲领，巴西的资产阶级又很软弱，无力执掌革命领导权，致使所有这些斗争都未能达到推翻葡萄牙殖民统治之目的，倒给葡萄牙王室成员、大地主、大种植园主以可乘之机。

1820 年，葡萄牙本国发生了资产阶级革命，建立了新议会。消息传来，巴西受到很大震动，独立情绪弥漫全国，甚至保守分子、教会及殖民地官吏也不愿受葡萄牙议会统治。1821 年，若奥六世回国，留下王子佩德罗任巴西摄政王。

佩德罗自幼长在宫廷，受过系统教育，具有浓厚的封建专制思想。同时，他也受到欧洲资产阶级启蒙思想影响，看到欧美蓬勃开展的人民反封建、反殖民主义斗争运动，这些在他身上打上了自由主义倾向烙印。当葡萄牙议会蔑视巴西的利益时，他开始同情巴西独立运动，而且，他不想听任事态发展，决心控制独立运动，使它在不摆脱王朝和保留君主制的原则下走向独立。他的这些主张同巴西大地主、大种植园主害怕革命冲击他们的封建特权愿望相一致，佩德罗因此成了巴西独立运动的代表人物。

1822 年 1 月 9 日，佩德罗在巴西大地主、大种植园主和大商人的支持下，拒绝了葡萄牙议会请他回去的要求，宣称："为了大家的利益和民族的利益，我将留在巴西。"这便是巴西历史上有名的"我留日"。5 月 13 日，佩德罗自称为"巴西的永久守护者"，并于 7 月份召集制宪会议，开始起草独立宪法。

与此同时，葡萄牙议会坚持其无视巴西人民的民族意愿和斗争。他们宣布取消摄政王佩德罗任命大臣的权力，对拥护巴西独立的人追究法律责任，彻底否决了巴西独立自主的权利，激起巴西人民更大不满，要求独立的呼声遍及全国。许多地区在酝酿独立，资产阶级共和派提出建立共和国口号，巴西面临一场革命。正是在这种情况下，8 月 1 日，佩德罗发表了独立宣言。9 月 7 日，佩德罗与一群军官旅行至圣保罗附近的一条小溪边，接到他妻子从里约热内卢寄来的一封信。信中说："苹果已经熟了，目前正是收获的时候，否则它就要腐烂了。"同时，又传来葡萄牙议会再度要他返葡的消息，他当即抽出宝剑，拔去制服上葡萄牙的徽章，高呼："葡萄牙议会想把巴西置于奴役的地位，我们必须立即宣告独立。不独立，毋宁死！我们现在跟葡萄牙分离了。"12 月 1 日，佩德罗在里约热内卢举行加冕典礼，称巴西皇帝佩德罗一世。

巴西的独立是在革命力量微弱、资产阶级无力单独承担起革命领导责任时，由大地主、大种植园主和大商人领导完成的。独立后，在很长一个时期内葡萄牙王室仍在巴西维持着一个王位。大地主和大种植园主控制了全部统治权，广大劳动人民仍遭受奴隶制度和专制制度的剥削压迫，对他们来说，独立只意味着换了一个统治者。但独立毕竟使巴西摆脱了葡萄牙300年来的殖民统治，揭开了巴西历史新的一页。

第一次工业革命

18世纪中叶，英国发生了改造工业生产技术的浪潮，使机器劳动代替了手工劳动，工厂制代替了手工工场制，人们把这个过程称为工业革命。工业革命首先发生在英国。

工业革命之所以首先在英国产生，是因为英国最早具备了产生工业革命的前提条件。英国建立了资产阶级专政的国家之后，政局安定，资本家可安心从事各种经济活动，并可运用政权来加速资本主义经济的发展。他们通过议会立法加速圈地运动的进行，迫使农民变成雇佣劳动者。同时还加强殖民掠夺和奴隶贸易，从而积累了巨额资金，使英国首先具备了工业革命的前提条件，即大量资本积聚在少数资本家手中，并且少数资本家拥有大量的自由雇佣劳动力。加上英国手工工场已高度发展，分工精密，各种生产工序已简化到能使用机械来代替手工劳动。当时牛顿的力学、布莱克的热力学等自然科学也能为技术革新提供理论基础。因此，工业革命的条件已具备。另一方面，国内外市场的扩大，手工劳动产品已供不应求，技术改革势在必行。因此，工业革命首先在英国进行。

以蒸汽为动力的第一次工业革命

工业革命开始于工具机的使用。早于1733年机械师凯伊发明了飞梭，使织布速度加快而引起了“棉花荒”。为此，很多人试图革新纺纱机。首先获成功的是织工哈格里夫斯，他于1765年设计了一个同时能带动8个纺锭的手摇纺纱机，以后改进为同时能纺100根纱线的纺纱机，并命名为珍妮纺纱机。

1769年，阿克莱特把木匠赫斯发明的水力纺纱机窃为己有，并于1771年在曼彻斯特建立了第一个纺纱机厂，利用水力推动机器旋转。

纺纱技术的突破，推动着织布技术的改进。1785年牧师卡特莱发明了水力织布机，提高功率40倍，大规模的织布工厂也出现了。

然而这种织布机以水力为动力，工厂只能沿河而建，且受季节变化的限制。因此，急需发明一种在任何地方都能装置完善的发动机。1769年瓦特在前人发明的基础上试制成功第一台蒸汽机，1782年又把单式运动改变为旋转运动式的联动式蒸汽机。并很快运用于生产中，1784年第一座采用瓦特蒸汽机的纱厂建成。接着其他工业部门也相继采用蒸汽机。从而推动了一切部门的机械化。由于有了强大的原动力，工厂纷纷建立起来，并形成了工厂林立的城市。蒸汽机的出现是这次工业革命中有决定性意义的重要环节，人们甚至以蒸汽力的运用作为这次技术革命的代表，称之为“蒸汽时代”。

一个工业部门的技术革新，必然推动着其他工业部门的革新。毛、丝等纺织部门也实行了机械化。化学、采煤、冶铁也随之发展起来，采煤使用了各种机械，冶炼铁矿改用煤来代替木炭作燃料，并设计了煤炭炼铁炉。

随着工业品生产的增多，简陋的交通工具已无法承担日益繁重的运输任务，交通运输业必须革新。1815年发明了耐久铺路法，常年使用的马路修筑起来了。运河也开凿出来了。运输工具也有许多发明，1807年富尔顿制造出以蒸汽为动力的轮船，并于1819年成功地横渡大西洋。1814年史蒂芬森发明火车机车，1830年曼彻斯特至利物浦客运铁路通车，从此，陆路交通进入了“铁路时代”。

随着大工业的发展，工具机器日益复杂多样，它的各部件精确度要求日益严格，手工制造已不适应时代的要求，于是机器制造工业便适时地建立起来了。至此，工业中的技术革命便宣告完成。

英国是工业革命的先驱，它从18世纪60年代起至19世纪三四十年代止，完成了工业革命。随后法、德、美、俄、日都在19世纪相继发生了工业革命。

工业革命使整个生产体系日益具有社会化的规模，创造了巨大的生产力，为资产阶级的统治打下了坚实的经济基础。

工业革命还改变了经济地理面貌，令从前荒凉的地方兴建了城市。

知识小链接

瓦特简介

瓦特（1736年1月19日—1819年8月19日）是英国著名的发明家，是工业革命时的重要人物。1776年制造出第一台有实用价值的蒸汽机。以后又经过一系列重大改进，使之成为“万能的原动机”，在工业上得到广泛应用。他开辟了人类利用能源新时代，标志着工业革命的开始。后人为了纪念这位伟大的发明家，把功率的单位定为“瓦特”。

1848年欧洲革命

19世纪40年代，欧洲爆发了一场革命运动。这场革命遍及许多国家，是世界近代历史上规模最大、范围最广的一场革命，历史上称为“1848年欧洲革命”。

1848年革命首先是从法国开始的。当时法国的七月王朝越来越不得人心，资产阶级要求改革选举制度，以求加强自己的地位。工人和劳动人民则不断罢工，反对暴政，也反对资本家降低工资。而国王路易·菲力普拒绝一切变革，终于使各种矛盾激化。1848年2月，群众游行示威转变成武装起义，路易·菲力普逃往英国，七月王朝被推翻。不久，法兰西第二共和国成立，拿破仑的侄子路易·波拿巴当选总统。

法国革命很快就波及欧洲各国。8月初，德国普鲁士邦的首府柏林，笼罩着异常热烈而又紧张的气氛。工人和手工业者们，城市居民和学生们，都自发地聚集起来，议论着从法国和德国各地传来的消息。

1848 法国二月革命

大家议论着，不约而同地开始了游行。一支支队伍、一处处集会吸引了越来越多的人。8 月 13 日以后，从邻近的奥地利（当时是属于德国的一个帝国）传来了振奋人心的消息：那里的人民举行起义，把反动政府推翻了。这使得柏林的群众情绪达到了高潮，整个城市都沸腾起来。参加集会的人向普鲁士国王提出请愿，要求废除封建等级和特权，一切公民在政治上平等，召开由人民代表组成的全德议会，商讨统一德国的问题。

这些要求不只是柏林人民的愿望，也是全体普鲁士人民和全体德意志人民的愿望。从中世纪以来，德国一直处于分裂状态，到 19 世纪 40 年代，全国总共有 30 多个邦国。各个邦国各自为政，大大小小的君主对人民进行残酷的剥削压迫。人民没有起码的自由，各种进步思想都要遭到镇压，每一本书、每一份报纸，甚至每一首诗都要经过检查才能出版。这种情况妨碍了德国社会和经济的发展。包括工人、农民和资产阶级在内的德国人都不满意，他们要求实行民主，统一德国。

可是，普鲁士的国王威廉四世非常留恋专制制度，根本不想做任何改革。普鲁士是德国最大最强的邦国，所以威廉四世的态度在大小君主里有着决定性的影响。这次柏林人民的请愿，自然使威廉四世很恼火。他决定动用武力，给群众一个下马威。

8 月 16 日这天，一队政府军气势汹汹地开进了柏林。他们见到游行和集会的群众，就开枪射击起来。群众被激怒了。大家赤手空拳地冲上前去，和反动军队展开了搏斗。很多人被当场打死打伤。和威廉四世的愿望相反，血腥的镇压没有把群众吓倒，反而激起了他们更大的愤怒。示威游行的规模更大了。眼看着一场革命就要开始。

威廉四世

威廉四世这才发了慌。他连忙假惺惺地向群众表示，要废除新闻检查制度，也准备召开议会，制定宪法。资产阶级对国王的这些保证感到满足，他们认为革命已经完成了。然而，工人和广大群众不满意，因为国王没有答应提高人民的政治地位和改善他们的生活，也不准备把镇压群众的军队撤出柏林。于是，他们仍然坚持着斗争。

8 月 18 日，王宫周围人山人海。群众把威廉四世包围在王宫里，要求立即撤退军队。威廉四世恼羞成怒，命令军队再次开枪。柏林群众忍无可忍，立刻举行了大规模的武装起义。

愤怒的群众拿起了各种武器，工人们修筑了街垒，起义军从四面八方向市中心进攻。威廉四世慌忙调来 1 万多名士兵和几十门大炮，攻打工人的街垒，可是都失败了。柏林的大街小巷，楼房院落，到处是起义者的喊声，全市人民都支持起义的工人们。

激战了一天一夜，起义群众取得了胜利。政府军被打得狼狈不堪。威廉四世这才不得不宣布，只要群众退出街垒，就把军队撤出柏林。然而群众没有受骗，继续进行战斗，并且准备向王宫发起进攻。

威廉四世在王宫里坐立不安。正在这时候，他得到报告说，有一些士兵正在准备掉转枪口，支持革命。他更着急了。在人民的革命面前，这个顽固的专制君主，不得不认输了。他当众发表了告市民书，表示愿意停战，撤走军队，并立即召开议会，改组政府。

群众当场命令威廉四世向被他杀害的烈士志哀。当一副副躺着死难者遗体的担架在他面前高高举起的时候，群众就愤怒地高喊："脱下你的帽子，敬礼！"面色苍白的威廉四世只得照办，他的手脚一直在不停地颤抖着。

柏林八月起义的胜利鼓舞了全德国的人民，从此，轰轰烈烈的德国革命展开了。虽然后来由于封建势力的阴谋勾结和资产阶级的叛卖，它没有取得成功，但是仍然给了反动统治沉重的打击。

在这前后的时间里，奥地利、意大利、匈牙利、捷克等国都发生了反对封建专制的革命。它们是资产阶级性质的革命，有利于资本主义在欧洲的进一步发展。

林肯与美国南北战争

林肯，全名为亚伯拉罕·林肯，美国政治家，第十六任美国总统，也是首位共和党籍总统。

林　肯

1809 年 2 月 12 日，林肯出生在肯塔基州哈丁县一个清贫的农民家庭，父亲是位鞋匠。

在 25 岁以前，林肯没有固定的职业，四处谋生。他通过自学使自己成为一个博学而充满智慧的人。1834 年他被选为州议员。

两年后，林肯通过自学成为一名律师，不久又成为州议会辉格党领袖。1846 年，他当选为美国众议员。1847 年，林肯作为辉格党的代表，参加了国会议员的竞选，获得了成功，第一次来到首都华盛顿。

1860 年，林肯成为共和党的总统候选人，11 月，选举揭晓，以 200 万票当选为美国第十六任总统，但在奴隶主控制的南部 10 个州，他没有得到 1 张选票。

知识小链接

共和党简介

共和党，是美国当代的两大主要政党之一，另一个是民主党。共和党创立于 1854 年，是由一群前辉格党党员、北方民主党人以及奴隶解放运动者所组成的联盟。这个新政党的创立动机便是为了对抗当时的奴隶主势力，即当时那些试图控制联邦政府并扩张奴隶制度的南方富有阶级。

大选揭晓后，南方种植园主制造分裂，发动了叛变。南方 11 个州先后退出联邦，宣布成立“美利坚诸州同盟”，并制订了新的宪法，选举总统。

1861 年 4 月，南方叛乱武装首先向北方挑起战争。林肯号召民众为维护联邦统一而战。

林肯是一位坚持维护在当时的历史条件下是进步的社会制度即资本主义制度的政治家。他同情黑人奴隶，反对奴隶制度。在林肯 22 岁那年，他在乘船驶往新奥尔良时，目睹黑奴被拍卖的骇人情景，对奴隶制产生反感。1841 年林肯 32 岁时，和斯皮德驶往俄亥俄河口，在汽船上遇到十几个奴隶被铁链拴在一起的惨景，心情一直沉重。1858 年在与民主党北方党魁斯蒂芬·道格拉斯进行辩论时，林肯曾明确地表示：“我始终痛恨奴隶制度。我想，和任何一个废奴派一样。”1864 年林肯还说：“假如奴隶制都不算错误的话。那就没有什么错误可言的了。”林肯拳拳服膺于美国《独立宣言》中关于一切人生来都是平等的原则，他认为这个原则既适用于白人，也适用于黑人。因此，在他看来，黑人奴隶制度是违反《独立宣言》的原则的。他强调指出，不能以种族优劣为借口去为黑人奴隶制度作辩护。林肯之所以反对奴隶制度，是因为他认识到资本主义制度比奴隶制度优越。林肯既然反对奴隶制度，所以希望美国成为一个没有奴隶制的国家。

但是，由于他反对用暴力手段去消灭奴隶制度，在内战的初期阶段，林肯政府进行战争的目的是恢复南北的统一，使南方重新回到联邦来，而不是为了废除南方奴隶制度，因此，在1861年以前林肯并不是一个废奴主义者。

林肯也是一位在重大的历史关头能够接受人民意见、解决了关系到国家命运的重大问题的、伟大的资产阶级革命家。到1862年7—9月，林肯改变了过去的主张，而决定实行解放奴隶的政策——发表了预告性的《解放宣言》，宣布解放南方的奴隶。正是这一点上显出他的伟大来，因为这说明他做到了一些资产阶级革命家难以做到的事，即倾听人民的意见，采纳人民的要求。林肯之发表《解放宣言》，意味着他在美国历史上最重要的关头解决了美国历史上最重要的问题。因此，马克思高度地评价了林肯的历史功绩，说他"伟大"，说他是"英雄"，认为由于他发布了《解放宣言》，"在美国历史和人类历史上，林肯必将与华盛顿齐名。"

林肯的杰出之处，还表现在他作为一位资产阶级革命家所具备的优秀品质。在奴隶制问题上一旦作出一个重大的决策之后，便把它坚持贯彻到底。在林肯发表预告性的《解放宣言》之后，他又为争取通过宪法第十三条修正案而进行斗争。在武装黑人问题上，林肯的态度也有很大转变。在内战爆发后，北方自由黑人纷纷要求把他们武装起来到战场上去杀敌，但是林肯在战争初期断然拒绝武装黑人。到1863年春，林肯开始坚决地实行武装黑人的政策。在对待黑人选举权问题上，最初林肯是反对黑人享有选举权的，他反对把选举权送给南方新解放的黑人。后来由于黑人的斗争，林肯终于同意一部分黑人享有选举权。

美国南北战争

他之所以具有这些美德，

主要与他的早年经历有关。被马克思称为“工人阶级忠诚的儿子”的林肯，出身于美国边疆地区的劳苦人民家庭，他的青少年时代就是在西部边疆森林的艰苦贫困的环境中度过的。他自幼就参加体力劳动，也当过雇农、船夫及商店的伙计。由于他来自人民，在他身上尚保存一些劳动人民的美德。

1865 年 4 月，美国南北战争以北方军队的胜利而宣告结束。内战刚刚停止，不甘心失败的奴隶主怀着刻骨的仇恨，派遣间谍（演员布斯）在戏院开枪打死林肯。林肯虽然死了，但由于他领导了解放奴隶的斗争而受到人们的尊敬。俄国的列夫·托尔斯泰说，林肯由于具有“独特的精神力量和伟大的人格”，“他的地位相当于音乐中的贝多芬，诗歌中的但丁，绘画中的拉斐尔。”《纽约先驱报》认为，林肯是民主的化身，他在历史上的地位高于克伦威尔和拿破仑。

拓展阅读

书与战争

《汤姆叔叔的小屋》，又译为《黑奴吁天录》，是美国著名作家斯陀夫人的一部现实主义作品。斯陀夫人出生于北美一个牧师家庭，她目睹黑奴在奴隶主残酷压迫下的悲惨命运，决定以自己的方式参与解放黑奴的战斗中。林肯对其评价说：“构成那次巨大战争——南北战争导火线的，想不到竟是这位身材矮小的、可爱的夫人。她写了一本书，酿成了伟大的胜利。”

日本明治维新运动

在几十个亚洲国家中，唯独只有国土狭窄、资源贫乏的日本由封建幕府制度发展成为一个资本主义国家，并逐步跻身于世界资本主义强国之林，原因何在呢？这是因为，1868—1873 年，日本社会曾出现了一场推行资本主义新政的资产阶级革命运动。因为这次运动的高潮发生在日本天皇睦仁改年号为“明治”（1868 年）这一年，所以史称“明治维新”。

明治维新以前，日本是一个闭关自守、封建落后的国家。1603 年，德川家康消灭了各地的割据势力，取得了“将军”的称号。在江户（就是现在的东京）设置了幕府，建立了德川家族的一统天下。

当时，日本的天皇在名义上是最高的统治者，而国家的实际权力则掌握在世袭的将军手中。将军用“挟天子以令诸侯”的幕府政权进行统治。将军的政厅——幕府，是全国的最高政权机构。

日本存在着界限严格的封建等级制度。除皇族外，全国分为“士、农、工、商”四个等级。“士”和皇族是统治阶级。将军地位最高，拥有对全国土地的支配权，是最大的封建主，其领地约占全国土地的 1/4。其余土地分封给 260 多个大名。大名的领地叫作“藩”。根据与幕府关系的亲疏，大名又有“亲藩”、潜代和外样大名之分。幕府将军和大名手下都豢养着大批家臣，称武士。武士是职业军人，在社会上很吃香，有表明身份的佩刀。在武士身上存在着一种效忠主子、重名轻死、崇尚勇武的封建道德观念，就是所谓的“武士道精神”。武士是幕府赖以维持统治的基础。

日本武士

农、工、商是被统治阶级，他们是属于封建领主的农民、手工业者和商人。此外尚有“秽多”、“非人”等贱民，其社会地位更为低下。农民是被统治阶级的主体，他们是封建地主压迫和剥削的主要对象。由于农民生活的不断恶化，纷纷破产，迫使他们不断开展反对封建剥削压迫的斗争。

从 18 世纪后半叶起，日本的商品经济终于突破幕府的种种限制，有了较大的发展，在日本城乡出现了手工工场。这样，日本的社会结构逐渐发生变化，出现了资产阶级和新兴的地主阶级，即资产阶级化的地主。当时，将军和大名追求腐朽豪华的生活，常常向富商借贷。这就使原来处于四民之末的商人通过购买武士身份，提高了社会地位。相反，下级武士却因领主削减和停发禄米而使生活水平不断下降。他们有的被迫典当家产和佩刀，有的改行成为自由职业者，有的和商人拉上关系，做了他们的养子，也有的自己就做起生意来。由于他们丧失了昔日的特权地位，就急于要求改变现状，这样，他们就成了武士阶级内部的改革派，从而削弱和动摇了幕府的统治基础。

19 世纪中叶，欧美资本主义国家和俄国加紧向东亚扩张。第一个闯进日本的是美国。1853 年，美国海军少将柏利率军舰 4 艘，强行进入浦贺港（东京湾），要求直接和幕府将军谈判，如不同意，“立即交战，以决定胜负”。幕府官员看到耀武扬威的侵略者，惊惶失措，只得同意。第二年，美国在神奈川（今横滨）再次炫耀武力，并提出最后通牒，迫使日本签订了开港贸易的《日美亲善条约》。接着俄国、英国、法国也相继闯了进来。日本的“锁国”政策没有锁住国门，终于被西方列强的炮舰打开了。一系列不平等条约签订后，日本面临严重的民族危机，面临着沦为半殖民地的危险。

开港后，日本的民族经济遭到破坏，激化了国内的阶级矛盾，在全国掀起了规模空前的倒幕运动。

幕府末期，西南各藩的改革派在“尊王攘夷”的口号下开展了反幕活动。“尊王攘夷”本是中国早期儒家的思想，德川幕府曾用来作为巩固封建秩序和维护锁国政策的理论根据。改革派人士接过这一口号，把“尊王”变成了倒幕的思想武器。而封建排外的攘夷论就含有维护民族独立的爱国主义思想。

倒幕运动最活跃的地方是西南各藩（萨摩、长州、土佐、肥前等）。同资产阶级和新兴地主阶级关系密切的中下级武士，控制西南各藩的政权。在武士出身的志士中，最负盛名的是西乡隆盛、大久保利通、木户孝允。他们是明治维新的元勋，被称为“维新三杰”。西乡隆盛和大久保利通是萨摩藩的下级武士，而木户孝允则是长州藩的武士，他们结成联盟共同倒幕。幕府对倒幕活动进行镇压，但倒幕军却得到广大农民和城市下层居民的支持，使幕府的讨伐战争连连失败。1866 年 7 月，德川家茂病死，由德川庆喜继任为将军。

这年年底，一贯压制倒幕派的孝明天皇也相继死去，由年仅14岁的明治天皇继位。1868年1月，倒幕派发动政变，宣布“王政复古”诏书，废除幕府将军，建立中央集权的明治政府。同月，倒幕派的萨摩、长州等藩的军队在鸟羽、伏见地区击败了幕府军队，庆喜逃回江户。1868年4月，政府军进占江户（后改名东京）。1869年5月，消灭了幕府残余势力的武装反抗，结束了260多年的德川幕府统治。

1868年4月，天皇发布《五条誓文》，作为施政纲领，强调要“破除旧来之陋习”、“求知识于世界”，还说要“万事决于公论”。根据这个纲领，新政府实行了一系列的改革。因为是在明治年间实行的，所以称“明治维新”。

这次改革，重要的有以下几个方面：废除封建领主制，把全国划分为三府七十二县，直属中央领导；废除禁止土地买卖法令，承认土地私有权和自由买卖；废除封建关卡，扶植工商业的发展；废除封建等级，宣布“四民平等”；改革封建军制，建立近代化军队，引进西方先进技术，发展资本主义经济；改革教育和旧的风俗习惯，提倡“文明开化”等。

新政府推行各项改革，总目标是建立一个欧美式的资产阶级国家。日本在向欧美先进资本主义国家学习时，重视民族传统。结合本国特点，因此迅速使日本从一个闭关自守的落后的封建社会和濒临沦为半殖民地的国家，转变为先进的资本主义社会和亚洲唯一的民族独立国家。

明治维新之所以能够取得较大成就，除了日本本身起了决定性的作用之外，19世纪五六十年代的国际环境对它也是十分有利的。当时，美国正忙于国内的南北战争，英、法等国也忙于侵略和争夺比日本资源丰富、市场广大的中国，无暇顾及日本，从而使日本得以乘隙自强。西方资本主义国家各怀鬼胎，对日政策各异，对日未能采取统一行动或进行联合武装干涉。当时亚洲各国人民反封建、反殖民主义的斗争正处于高潮，也牵制了西方殖民势力，使它们不能抽调大量兵力进一步干涉日本。这些都是明治维新能够成功的外部条件。

知识小链接

德川幕府简介

“德川幕府”为继镰仓、室町幕府政权之后，日本第三个幕府政权。1603 年由征夷大将军德川家康在江户（今东京）所建。至 1867 年德川庆喜被迫宣布还政天皇为止，共经十五代将军，历时 265 年。德川氏以江户为政治根据地，开幕府以统治天下，故亦称江户幕府。

鸦片战争

1839 年 8 月 5 日，英国政府收到义律从澳门发出的关于林则徐下令缴烟消息，资本家和大鸦片贩子集会叫嚣要求发动战争，主张抓住有利机会，使用足够武力，迅速对中国进行沉重打击。在一片狂热的叫嚣中，英国辉格党内阁 10 月 1 日决定以中国的禁烟为借口，对中国发动战争。翌年 2 月英政府任命乔治·懿律和查理·义律为侵华正副全权代表，懿律任侵华英军总司令。

1840 年 6 月 21 日乔治·懿律率领“东方远征军”战舰 48 艘，士兵 4000 人陆续到达广东附近海面。6 月 28 日，英国舰队封锁珠江口，不让所有船只进入广东省内河，第一次鸦片战争爆发。

林则徐移驻虎门，校阅水师，严阵以待。英军避免在广东拖延，主力北上进犯厦门，遭到闽浙总督邓廷桢统辖的水师炮击。于是，英军乘福建以北防务空虚，7 月 5 日占领浙江定海，8 月 10 日抵天津白河口。道光帝惊慌失措，派琦善去天津与英军交涉，英军得到琦善保证，起碇南返。10 月 3 日道光帝听信谗言，以“别事生端，误国殃民”的罪名将林则徐、邓廷桢革职查办。林则徐被撤职后，琦善接任两广总督，他一反林则徐所为，自动撤防遣勇，重用汉奸，献媚求和，讨好侵略者。而义律决定再度使用武力。1841 年 1 月 7 日，英军突然发动袭击，占领大角、沙角炮台，迫使琦善妥协。1 月 20

第一次鸦片战争

日，义律单方面公布《穿鼻草约》，《穿鼻草约》的内容包括割让香港，开放广州，赔偿烟价600万元。

1841年4月，英国派璞鼎查为侵华全权代表，扩大侵华战争。8月10日璞鼎查率援兵1万人到达澳门，26日攻占厦门，总兵江继芸力战牺牲。9月25日，英军北攻定海，总兵葛云飞、王锡朋、郑国鸿等人率5000守军浴血奋战六昼夜，全军壮烈战死，定海沦陷。10月10日，英军又攻下镇海，提督余步云弃关逃跑，两江总督裕谦登城血战，投水自尽。道光帝又派协办大学士、皇侄奕经为扬威将军，赴浙应战。奕经游山玩水，历行数月才到达前线。1842年3月，在敌情不明、准备不足的情况下，奕经制订了收复三城的荒唐计划，结果大败，从此道光帝停止调兵，一意求和。5月，英军攻陷海防重镇乍浦，6月占领吴淞、宝山炮台，江南提督陈化成英勇牺牲，上海沦陷。7月，英军进犯镇江，副都统海龄率军民奋勇抗击，重创英军，镇江失守。8月5日，英舰侵入南京江面，清政府派耆英、伊里布、牛鉴等同英进行谈判。29日，耆英接受英国提出的全部侵略条款，与璞鼎查签订了中国近代史上第一个不平等条约——《南京条约》。

鸦片战争是英国殖民主义者向中国发动的侵略战争，中国进行的是一次正义的民族自卫战

你知道吗

《南京条约》规定清政府开放哪些通商口岸

《南京条约》是中国近代史上与外国签订的第一个不平等条约。条约规定清朝政府开放广州、厦门、福州、宁波、上海等五处为通商口岸（史称“五口通商”），准许英国派驻领事，准许英商及其家属自由居住。

争。敌寡我众，中国有利条件很多，但却以失败而告终。其根本原因是上层统治者无能，社会政治制度腐败，经济技术落后，另外，地主阶级推行一条对内仇视人民，对外妥协投降的路线。因此，尽管有人民群众、下层士兵及少数爱国将领英勇抵抗，也无法摆脱失败的命运。

孙中山与中国资产阶级革命

伟大的革命先行者孙中山，高举民主革命的旗帜，站在时代的前列，领导中国人民进行了资产阶级民主革命。

民主革命先行者孙中山

孙中山（1866—1925）1866 年 11 月 12 日诞生于广东省香山县（今中山市）翠亨村一个贫苦农民的家庭里。名文，字德明，号日新，后又改号逸仙。1897 年在日本进行革命活动时，曾经化名中山樵，从此便以中山之名见称于世。

1878 年，孙中山随母亲赴檀香山投奔兄长孙眉。离开祖国，远航海外，始见“轮舟之奇，沧海之阔”，大大开拓了他的眼界。到檀香山后他先后进入英、美教会在当地办的学校读书，他从西学的启示中，更加坚定了“慕西学之心，穷天地之想”的愿望。孙中山在海外的 5 年生活和所受的资产阶级教育，丰富了他的民主思想和科学知识，又受到了夏威夷人民反抗美国侵略斗争的鼓舞。从而产生了“改良祖国”的意愿。

1883 年，孙中山回到了祖国。中法战争前后，他正在广州、香港学习，清政府的腐败无能和媚外卖国政策，使孙中山非常痛恨；爱国军民反法的英勇斗争，使他受到了巨大鼓舞和教育。从此，孙中山立志为救国救民而奋斗。1892 年，他毕业于香港雅丽医学院后在澳门和广州行医，决计“借医术为入世之媒”，他积极结交一批先进的爱国知识青年郑士良、陆皓东等，并通过郑士良同广东会党分子建立联系。他们经常议论时政，探寻救国之道，开始了挽救民族危亡的政治活动。

1893 年冬，孙中山与陆皓东、郑士良、尤列等人在广州的广雅书局内聚会，酝酿组织取名为“兴中会”的团体，以“驱除鞑虏，恢复中华”为宗旨。这时，孙中山虽然有立志改造中国的愿望，但是，还没有放弃“求知当道，游说公卿”，改良政治，振作图强的幻想。1894 年，他草拟了《上李鸿章书》，集中阐述了仿效西方资本主义以图富强的革新主张，明确指出欧美各国富强的根本不只是船坚炮利，而主要的在于“人尽其才，地尽其利，物尽其用，货畅其流”。他认为这是中国“富强之大经，治国之大本”。孙中山偕陆皓东去天津向李鸿章上书如石沉大海。他已经敏感地意识到“和平之法，无可复施”，只有采取暴力革命的手段，才是挽救中国的唯一出路。从此，孙中山坚定地走上了民主革命的道路。

你知道吗

谁被孙中山誉为“为共和革命而牺牲第一人”

陆皓东是近代民主革命者，孙中山的同乡、幼年的同学。1883 年秋，在香港与孙中山一起加入了基督教。他提取父亲的遗产作为活动经费，还积极资助在海外活动的孙中山。广州起义时陆皓东被捕。1895 年 11 月 7 日，陆皓东与朱贵全、邱四等一起被绑赴刑场，在敌人屠刀下毫无惧色，英勇就义，时年仅 27 岁。孙中山后来称誉他是“中国有史以来，为共和革命而牺牲第一人。”

孙中山怀着革命的远大抱负，从上海绕道日本前往檀香山，积极联络爱国华侨，宣传反清革命的主张，得到许多侨胞的同情和支持。由于孙中山的倡导，11 月 24 日，在檀香山召开了创立中国第一个资产阶级革命小团体——兴中会的成立大会，并通过了孙中山起草的《兴中会章程》。《兴中会章程》

强烈抨击了清政府腐败和黑暗的反动统治，大声疾呼："亟拯斯民于水火"，"切扶大厦之将倾"，号召爱国志士团结起来，"振兴中华，维持国体"。会员秘密入会的誓词中提出"驱除鞑虏，恢复中国，创立合众政府"的奋斗目标。第一次提出了推翻清朝政府，建立资产阶级民主共和国的革命任务。次年，孙中山到香港，成立兴中会总部，筹备广州武装起义，事泄失败。1900 年组织惠州起义又失败，逃亡国外。这时，他已成为资产阶级革命派的鲜明旗帜，众望所归的领袖。

流亡海外的孙中山，1904 年，用英文撰写《中国问题的真解决》一文，在纽约发表。他指出，中国现今正处在一次伟大的民族运动前夕，"只要星星之火，就能在政治上造成燎原之势。"第一次向全世界表示了他革命的决心和愿望。

1905 年，孙中山从欧洲回到日本，组建中国第一个资产阶级政党——同盟会，被推为总理，确定以"驱除鞑虏，恢复中华，建立民国，平均地权"为政治纲领。他创办《民报》为机关报，提出了"三民主义"学说。同盟会的成立把中国革命推到一个新的阶段。同盟会成立后，革命派与保皇派展开了针锋相对的论战，积极在国内外发展同盟会的组织，在南方各地多次发动武装起义。

1911 年武昌起义的炮声，震撼了全国，各省革命党人纷纷响应，宣告独立，席卷全国的群众自发斗争，形成了全国规模的资产阶级民主革命的高潮。孙中山闻讯后，于 12 月 25 日，从欧洲回到了上海。29 日，在南京召开了十七省代表会议，会议选举孙中山为临时大总统。1912 年 1 月 1 日，孙中山在南京宣誓就职，宣告中华民国临时政府成立，组成临时参议院，公布《中华民国临时约法》，并制定和颁布一系列发展民族资本主义，实施资产阶级民主政治，改革文化教育的法令和措施。由于帝国主义的干涉、破坏和袁世凯的威逼，孙中山于 2 月 13 日向临时参议院提出辞职的要求。4 月 1 日，孙中山正式解除临时大总统职务，南京临时政府至此夭折。

武昌起义后，有的革命党人鼓吹"革命军起，革命党消"，同盟会组织日益涣散。革命党人宋教仁为实现"政党政治"，8 月，联络各党派将同盟会改组为国民党，推举孙中山为理事长。9 月，袁世凯委任孙中山为全国铁路总办，孙中山以在野身份专门从事铁路建设。

1913 年 3 月，宋教仁被袁世凯刺杀后，孙中山愤然发动讨袁的“二次革命”，因国民党内部涣散无力，革命旋即失败。孙中山被迫再次逃亡日本。1914 年 7 月，孙中山组成“中华革命党”，被推为总理，发表宣言继续讨袁。1917 年，因反对段祺瑞政府拒绝恢复《临时约法》和国会，孙中山从上海到达广州，组织护法军政府，被选举为大元帅，并誓师北伐。后因受西南军阀的排挤，毅然离粤赴沪，从事著书立说，努力探索继续革命的道路。俄国十月革命后，孙中山接受共产党的帮助，实行联俄、联共、扶助农工的三大政策。1924 年，在广州召开中国国民党第一次全国代表大会上，孙中山重新解释三民主义，建立了新三民主义学说。1925 年，孙中山在北京病逝。

知识小链接

宋教仁简介

宋教仁（1882 年 4 月 5 日—1913 年 3 月 22 日），字遁初，号渔父，汉族，湖南桃源人。民主革命先行者、中华民国的主要缔造者，民国初期第一位倡导内阁制的政治家。中华民国临时政府唐绍仪内阁的农林部总长，国民党的主要筹建人。1913 年被暗杀于上海，享年 32 岁。

流血的星期日与俄国 1905 年革命

20 世纪初，俄国还是沙皇的天下。沙皇尼古拉二世凭着他的几十万军队和庞大的宪兵警察、官僚机构，控制着整个俄国。差不多在所有稍大一点的工厂和商店里，都有沙皇宪兵警察和密探的足迹。深夜，抓人的警车那刺耳的尖叫声常常把人们从梦中惊醒，使人提心吊胆。一些胆小的人，走在街上不敢东张西望，回到家中就赶快把门关得紧紧的。

可是，到1905年初，情况发生了变化。在大街上，在工厂里，经常可以看到一群一群的人在那里谈论着什么，显得非常热闹。这时，只要沙皇政府的宪警一露面，人们立刻警觉地散去。就是伪装得很巧妙的密探也很难混进这些人群里去。

流血的星期日（绘画）

这些人都是彼得堡的工人。他们再也忍受不了经济危机带来的威胁了。沙皇政府把对日战争失败造成的损失转嫁到人民身上，更激起了工人的不满。他们开始串联起来，向反动政府展开斗争。以列宁为首的布尔什维克在工人中间积极活动，并且得到了工人们的拥护。工人的罢工接连不断，沙皇政府和工厂主十分恼怒。

基本小知识

沙 皇

沙皇是俄国皇帝1546—1917年的称呼。第一位沙皇是伊凡四世，最后一位沙皇是尼古拉二世。1721年彼得大帝改名皇帝。但直到1917年为止，俄国的统治者一直都称为沙皇。

1905年1月3日，普梯洛夫工厂的汽笛长鸣，1.2万工人开始罢工了。彼得堡其他工厂的工人也纷纷起来支持他们。几天之内，罢工人数就达到15万人。

沙皇政府感到十分震惊，军政要人躲在密室里商量对策。差不多所有人的脸上都露出了焦虑的神色，只有宪兵司令祖巴托夫嘴角上露出了一丝狡猾的奸笑。他慢吞吞放下烟头，站起身来说：“诸位，镇静！沙皇陛下已下决心要杀一些人，压压这伙工人的威风。不过，我们现在还不能把军队直接开进工厂。只有这样办……”

1月8日，一个名叫格奥尔基·加邦的牧师带着他的一批亲信在工人中间鼓动起来。他对工人们说："你们明天可以上街举行和平游行，把你们的要求和希望告诉沙皇。沙皇一定会接见你们，倾听你们的声音，满足你们的要求。"他见很多工人都在认真听他讲话，又放大声音说："仁慈的上帝会保佑你们，你们一定会成功的！"

一部分人相信了加邦的鼓动，在请愿书上签了字，准备第二天参加游行。然而布尔什维克党人反对这么做。他们印发传单，号召工人不要参加请愿，因为那样可能招来巨大的危险。工人们没有注意这些，他们被牧师的花言巧语迷惑住了。这个牧师正是祖巴托夫的密探，他是要把工人带到冬宫前面，好让刽子手屠杀。

就在当天晚上，以沙皇的叔父弗拉基米尔为首的将军们举行了秘密军事会议。会议批准了第二天准备对工人进行残酷屠杀的"作战"计划。弗拉基米尔是个极端残忍的家伙。他说："治疗灾难的最好药方，就是吊死百把个造反的人。"

1月9日是星期日。这一天清晨，10多万工人带着他们的父母、妻子和儿女，排成长长的队伍，从郊区向冬宫进发。游行队伍举着教堂的旗幡、十字架、圣像和沙皇的画像，口里唱着祷歌，完全是一支和平请愿的队伍。

按照加邦的计划，游行队伍预定在9个地区集合。沙皇的军警早已在集会地点附近设置了重兵，并且将所有的街道和广场都控制起来。当一支游行队伍走到拉尔夫大门的时候，一群骑兵飞驰过来，向人群发射了第一排枪弹。大约有100名工人中弹倒地，大屠杀就这样开始了。在冬宫广场，在亚历山大罗夫公园，都挤满了赤手空拳的游行群众。巴甫罗夫团和谢苗诺夫团的骑兵来回奔驰，不断向人群开枪。枪声和人们的抗议声、怒骂声以及家属们的惨叫声混杂在一起，震响在冬宫的上空，也震醒了受骗的工人们。受伤和牺牲的工人越来越多，他们的鲜血染红了彼得堡的街头，在冬宫广场留下了一具具的尸体。这一天，在整个彼得堡，死伤的游行工人超过了3000人。从此，俄国工人把这一天叫作"流血的星期日"。

傍晚，彼得堡的工人们掩埋了同伴的尸体，在交通要道筑起了街垒。他们从警察和军队手里抢夺武器装备自己，并且在街垒上插上了迎风招展的红旗。

当时列宁正在日内瓦，在获悉这事后，就为布尔什维克的《前进报》写了《俄国革命的开始》文章，他指出，俄国工人阶级已英勇开始推翻沙皇制度的事业，将是世界各国历史上的一个转折点。

首都的革命浪潮波及到全国。在一月间，全国罢工人数达到 44 万人，一个月内罢工的人数超过了过去整整 10 年的罢工人数。

现　代

第一次帝国主义世界大战，严重削弱了老牌资本主义国家英、法、德、俄，不仅造成了俄国社会主义革命的客观条件，而且推动了各国无产阶级革命运动的发生和发展。从此，在俄国革命的影响下，各国无产阶级革命运动一浪高过一浪。

而第二次世界大战是现代史一个重要组成部分，从欧洲到亚洲，从大西洋到太平洋，先后有61个国家和地区、20亿以上的人口被卷入战争，战争中军民共伤亡9000余万人。第二次世界大战最后以美国、苏联、中国、英国等反法西斯国家和世界人民战胜法西斯侵略者赢得世界和平与进步而告终。本书的现代史部分即截至到此时。

俄国十月革命

十月革命是俄国工人阶级在布尔什维克党领导下联合贫农所完成的伟大的社会主义革命，又称布尔什维克革命，是俄国 1917 年革命中第二个，也是最后的重要阶段。1917 年 11 月 7 日（俄历十月二十五日），列宁领导的布尔什维克武装力量向资产阶级临时政府所在地圣彼得格勒冬宫发起总攻，推翻了临时政府，建立了苏维埃政权。由此，世界上第一个社会主义国家宣告诞生。

这次革命导致了 1918—1920 年的俄国内战和 1922 年苏维埃社会主义共和国联盟（苏联）的成立。因为革命发生在俄历十月，故称为“十月革命”。

在第一次世界大战爆发之前，腐朽、反动的俄国沙皇专制统治已经陷入深刻的危机，革命出现高潮。大战爆发后，俄国社会矛盾日益尖锐，革命形势日趋成熟。1917 年 2 月，俄国人民在以列宁为首的布尔什维克党的领导下，推翻了沙皇专制统治。起义的工人和士兵成立了工兵代表苏维埃政权。但是，俄国资产阶级窃取了二月革命的胜利成果，成立了以克伦斯基为首的临时政府。这样就出现了两个政权并存的局面。临时政府公开使用暴力镇压人民群众的示威游行，并准备建立军事专政。

4 月，列宁结束长期在国外的流亡生活回到俄国，发表了著名的《四月提纲》，制订了从资产阶级民主革命向社会主义革命过渡的明确路线和具体计划，明确提出“全部政权归苏维埃”的口号。根据《四月提纲》的指示，布尔什维克党在群众中展开了组织和教育工作，领导彼得格勒工人和士兵举行了四月示威、六月示威和七月示威。当时，由于孟什维克和社会革命党控制下的苏维埃变成了临时政府的工具，资产阶级公开使用暴力并准备建立军事专政，因此，布尔什维克党暂时收回“全部政权归苏维埃”的口号，提出了准备武装起义的方针。9—10 月，彼得格勒和莫斯科苏维埃已转到布尔什维克党方面；工人罢工、农民起义、士兵骚动不断发生，革命形势完全成熟。布尔什维克党再度提出“全部政权归苏维埃”的口号，并在全国各地着手准备武装起义。

1917年11月7日（俄历10月25日），俄国首都彼得格勒（圣彼得堡）的工人赤卫队和士兵在列宁和布尔什维克党领导下首先举行武装起义。以停泊在涅瓦河上的“阿芙乐尔”号巡洋舰的炮声为信号，彼得格勒的工人和士兵开始向冬宫发起攻击，深夜攻入冬宫，逮捕了临时政府成员。临时政府被推翻。当晚，在斯莫尔尼宫召开第二次全俄苏维埃代表大会，宣布临时政府被推翻，中央和地方全部政权已转归苏维埃。第二天，列宁在大会上作报告，大会通过了《和平法令》和《土地法令》，组成了以列宁为主席的第一届苏维埃政府——人民委员会，世界上第一个社会主义国家宣告诞生。彼得格勒武装起义的胜利，奠定了苏维埃政权胜利前进的基础。从1917年10月到1918年2月，革命扩展到俄国各地。

革命导师列宁在讲演

伟大的俄国十月社会主义革命的胜利开创了人类历史的新纪元，为世界各国无产阶级革命、殖民地和半殖民地的民族解放运动开辟了胜利前进的道路。

知识小链接

列宁简介

列宁（1870—1924），原名弗拉基米尔·伊里奇·乌里扬诺夫，列宁是他的笔名。列宁是著名的马克思主义者、无产阶级革命家、政治家、思想家、理论家，布尔什维克党创建者、苏联缔造者。他继承和发展了马克思主义，形成了列宁主义理论。被全世界共产主义者广泛认同为“全世界无产阶级和劳动人民的伟大革命导师和领袖”，也被世人认为是20世纪最伟大的人物之一。

德国十一月革命

1918 年 11 月 9 日，德国柏林红旗飘舞，皇宫广场上人山人海。下午 4 时许，皇宫阳台上传来了“德意志社会主义共和国万岁”的响亮呼声。这是德国无产阶级的英勇战士卡尔·李卜克内西的声音。顿时广场上群情欢腾。统治德国几百年的霍亨索伦专制王朝一朝覆亡了，德国历史翻开了新的篇章。

十一月革命前，德国是一个带军事封建性特点的“容克—资产阶级帝国主义”，是发动第一次世界大战的罪魁祸首之一。大战爆发后，德国社会的各种矛盾急剧尖锐化，德国无产阶级不顾社会民主党右翼和中派领袖的背叛性政策，不断掀起反战革命斗争。德国社会民主党的左派“斯巴达克派”，以卡尔·李卜克内西、罗莎·卢森堡等为首，旗帜鲜明地提出了“主要敌人在国内”的口号，号召人民推翻容克——资产阶级统治，实现真正的民主和和平。

德国十一月革命爆发

俄国二月革命和俄国十月革命，极大地推动了德国的革命运动。德国统治阶级慌忙宣布实行“内部改革”，以图消弭革命危机。右派社会民主党领袖与他们互相配合，利用自己在工人中的影响来阻止革命。斯巴达克派提出了打倒德帝国主义，立即结束战争，彻底完成资产阶级民主革命，并准备过渡到社会主义革命的斗争纲领，并积极准备武装起义。

1918 年 11 月初，革命以雷霆万钧之势迅猛爆发了。基尔城的革命水兵首举义旗，建立了工兵苏维埃政权。随即革命如烈火燎原，席卷各地，到处建立苏维埃。11月9日，在斯巴达克派和革命工长组织的号召下，柏林工人和革命士兵举行起义。专制王朝顷刻瓦解，威廉二世皇帝逃往荷兰。帝国首相马克斯亲王慌忙把首相职位交给了右派社会民主党领袖艾伯特，指望他们把革命引上合法竞选的轨道。另一名右派社会民主党领袖谢德曼面临革命高潮，慌忙宣布德国为共和国。随即组成了右派社会民主党领袖和中派独立社会民主党领袖的联合政府，称人民全权代表苏维埃。艾伯特为主席。

知识小链接

斯巴达克派简介

斯巴达克派是德国左派社会民主党人的革命组织。它原称“国际派”，因该派曾创办《国际》杂志而得名。1916年1月1日，在“国际派”会议上，以古罗马奴隶起义领袖斯巴达克斯的名字发表了政治通信，称“斯巴达克信札”，后改称斯巴达克团。主要领导人有卡尔·李卜克内西、罗莎·卢森堡、弗兰茨·梅林、蔡特金等。

艾伯特政府保留了旧的军事官僚机器，并与总参谋部勾结起来，准备镇压“布尔什维克主义”。在农村中实行保护地主贵族，阻止阶级斗争的政策，对外奉行亲协约国和敌视苏俄的方针。

帝制倾覆后，德国面临的抉择是：一切权力归苏维埃还是归立宪会议。以斯巴达克派为代表的革命左派坚决主张前者，这就是要把革命继续推进，实现无产阶级专政和社会主义。斯巴达克派改组为斯巴达克同盟，创办《红旗报》，为实现社会主义革命而积极进行宣传鼓动。右派社会民主党却坚决主张尽快召开制宪国民会议，以便建立资产阶级专政，结束革命。独立社会民主党也支持这一主张。由于德国工人阶级和广大群众还深受社会民主党改良主义的影响，在1918年12月召开的全德工兵苏维埃第一次代表大会上，右派社会民主党不顾斯巴达克同盟的反对，通过决议，将于1919年1月举行制宪国民会议选举，届时苏维埃将把一切权力移交给国民会议。

苏维埃代表大会后，反革命加强了对革命左派的进攻，酿成了12月23

日—24 日枪杀柏林革命水兵的流血事件。斯巴达克同盟鉴于独立社会民主党迟迟不肯彻底改弦更张，制定革命的路线，于是在 12 月底正式与独立社会民主党决裂，成立了德国共产党，以“用暴力推翻资产阶级统治，实现无产阶级专政”为党的纲领。

反革命积极准备用暴力来镇压革命力量，“自由团”等反动武装聚集柏林。1919 年 1 月 4 日，社会民主党政府下令解除柏林警察总监、左派独立社会民主党人艾希霍恩的职务，激起了工人群众的极大愤慨。从 1 月 5 日起，在德共、革命工长等号召下，柏林工人举行了示威和起义。并宣布推翻艾伯特政府。社会民主党政府以谈判争取了时间，自称“血腥豺狼”的社会民主党人诺斯克指挥“自由团”，残酷地镇压了起义。德共领袖李卜克内西和卢森堡被捕，并惨遭杀害。

1919 年上半年，德国工人阶级不断展开斗争，要求保卫革命成果，承认苏维埃，实现社会化。有些地方还进行了建立苏维埃政权，实现无产阶级专政的斗争。巴伐利亚苏维埃共和国为实现无产阶级专政采取了一系列革命措施。但所有这些革命斗争，都被诺斯克指挥反革命军队陆续镇压了下去。

1919 年 1 月 19 日，在白色恐怖中举行了制宪国民会议选举。2 月 6 日，在魏玛召开国民会议，同时苏维埃交出了一切权力。到 7 月 31 日，国民会议通过了新宪法，宪法承认了革命的某些成果，宣布德国实行议会民主制，成为共和国。艾伯特当选为魏玛共和国第一任总统，谢德曼为第一任总理。

十一月革命没有发展成社会主义革命，只完成了一部分资产阶级民主革命任务。德国共产党当时限于主客观条件，没有能够把资产阶级民主革命进一步推进到社会主义革命。社会民主党的政策对这次革命的结局起了重要的作用。但十一月革命是德国历史上自农民战争以后规模最大的一次革命群众运动，它推翻了帝制，建立了资产阶级议会民主制，从而开始了德国历史的新时期。它也为国际共产主义运动提供了新的经验。

基本小知识

德国农民战争

德国农民战争是1524年爆发的、从一开始局部的农民起义，后来扩展到德语南部地区（德国南部、奥地利和瑞士）的大部分地区的一次大规模农民起义。1525年起义在施瓦本、弗兰肯、阿尔萨斯和图林根被镇压。1526年起义在萨克森和蒂罗尔被扑灭。

南京临时政府成立

1912年元旦，孙中山在南京宣誓就任临时大总统，宣告“中华民国”成立。发表《临时大总统就职宣言书》，提出以“实现民族统一、领土统一、军政统一、内治统一、财政统一”作为行政方针。孙中山宣布改用阳历，1912年即为中华民国元年。3日，各省代表会选举黎元洪为副总统。并通过由孙中山提名的各部总长、次长任命名单：陆军总长黄兴，次长蒋作宾，海军总长黄钟英，次长汤芗铭；外交总长王宠惠，次长魏宸组，司法总长伍廷芳，次长吕志伊，财政总长陈锦涛，次长王鸿猷，内务总长程德全，次长居正，教育总长蔡元培，次长景耀月，实业总长张謇，次长马君武；交通总长汤寿潜，次长于右任。又以胡汉民为总统府秘书长。28日，成立临时参议院，暂

17省代表选举孙中山为南京临时政府大总统

由各省代表会议的代表充当议员，推林森为议长。

在南京临时政府中，孙中山总掌全部军政大权。各部总长中，除黄兴、王宠惠、蔡元培是同盟会员外，张謇、汤寿潜是江浙立宪派首领，程德全、伍廷芳、黄钟英、陈锦涛是旧官僚。他们多持观望，不肯到南京就职，都由次长主持部务。各部次长绝大多数为同盟会的骨干，故南京临时政府由革命党人掌握实权。具有立法权的参议院，也基本掌握在革命党人手里。因此，南京临时政府表面上是革命派、立宪派和旧官僚的联合，实际上是一个由革命党人主持的，资产阶级的革命政权。

拓展阅读

孙中山和三民主义

三民主义是孙中山所倡导的民主革命纲领。由民族主义、民权主义和民生主义构成。是中国国民党信奉的基本纲领。三民主义反映了中国旧民主主义革命时期的社会基本矛盾，概括了客观历史进程提出的三大斗争任务。

南京临时政府的成立，标志着延续2000多年的封建帝制的覆灭和统治中国260多年清王朝的结束，也标志着中国历史上资产阶级共和国的诞生。

南京临时政府成立后，在孙中山领导下，制定了相当于宪法的《中华民国临时约法》。同时，还进行了一系列政治改革和社会改革。在政治方面，保障受歧视的疍户（水上居民的旧称）、惰民享有公民权，废除奴婢卖身契约，禁止刑讯和体罚，焚毁不法刑具，禁止贩卖华工，保护华侨等。改革封建的陈规陋习，革除“大人”、“老爷”一类的封建称呼，在政府内部以官职相称，在社会上则改称“先生”或“君”。劝禁妇女缠足，限期男人剪辫，严禁种植和吸食鸦片；废止跪拜，改行鞠躬礼等。在振兴实业方面，颁布了保护工商业的法令，鼓励兴办实业，设立实业部，各省成立实业公司；大力提倡垦殖等。在发展教育方面，对封建的教育进行重要的改革。教育总长蔡元培在《对教育方针之意见》中，否定了“忠君尊孔”的封建教育方针，改为公民道德、实利教育、军国民教育、美育、世界观五项。临时政府明令规定，各级学堂一律改称学校，监督、堂长改为校长，初等小学男女同校。小学废除读经，增加自然科学、实业方面的课程等。

南京临时政府成立后，积极提倡民主和科学，促进中国人民民主主义的新觉醒，努力发展民族资本主义工商业和文化教育事业，推动了历史的前进。但南京临时政府在反对帝国主义和国内封建势力方面是不坚决的。它始终没有触动封建主义的土地制度，广大农民群众对土地的要求，根本没有得到满足。它也没有提出反帝的纲领和政策，反而幻想承认不平等条约以及帝国主义在中国的一切特权，以换取帝国主义的同情和支持。

但是，南京临时政府成立后，帝国主义和封建买办势力，千方百计地进行打击破坏。孙中山在内外压力之下，被迫于 4 月 1 日正式解职。地主买办阶级的代表袁世凯篡夺了革命政权。南京临时政府夭折，资产阶级共和国的方案破产了。

知识小链接

袁世凯简介

袁世凯（1859 年 9 月 16 日—1916 年 6 月 6 日），字慰亭，号容庵，河南项城人，故又称袁项城，清末民初的军事和政治人物，北洋系统的领袖。袁世凯于清季投身行伍，襄赞洋务运动及新政，自道员、督抚累升至入值军机，甚至内阁总理大臣，成为清末头号权臣。中华民国成立，成为首任中华民国大总统，后自立中华帝国皇帝，但终归失败。

巴黎和会和凡尔赛条约

1919 年 1 月 18 日，第一次世界大战后的和平会议——巴黎和会在法国外交部大厅开幕。

以处置战败的德国问题为中心议题的巴黎和会规模之大，是外交史上前所未有的。各国派出了庞大的代表团出席会议，还有庞大的随从队伍。从专家、学者到译员、秘书，从速记员、打字员到士兵、警卫应有尽有。美国代表团的工作人员就达1300人之多。一时间，巴黎热闹非凡，酒会频频，舞会不断，讲排场的巴黎倾全力应付和会。而在酒绿灯红之后却是强权政治、肮脏交易。

巴黎和会

参加会议的27国被分成四类。美国、英国、法国、意大利、日本，享有“整体利益”；中国、巴西、比利时、希腊、英国的自治领属第二类，只能出席讨论与他们有关的问题的会议，即仅有“局部利益”。第三、第四类国家的权利更小，形同摆设。苏俄被拒之门外。战败的德国及其盟国也不许参加会议。大会的真正主宰是“三巨头”：美国总统威尔逊，英国首相劳合·乔治、法国总理克里孟梭。

美、英、法、意、日等国为了满足自己的贪欲，实现大国野心，在这个实际上是分赃的和会上各怀鬼胎、钩心斗角，进行了激烈的争夺。美国凭借其战后雄厚的经济、金融实力，意欲争得在欧洲及全球的霸权。英国不甘心其世界霸主地位的衰落，便使尽浑身解数保持它在欧洲的领导地位和它的海上霸权，继续扩大“日不落”帝国的版图。法国为了建立欧洲霸权，竭力要削弱自己的世仇——德国。意大利企图争得地中海东部的霸权。日本争霸的重心则在亚洲、太平洋地区。英国外交大臣贝尔福会前就推测："从各方情形看来，和会不久势将成为扰乱不安的场所。"事实印证了这个预言。一次，威尔逊总统的亲密顾问豪斯上校问会议进展如何，威尔逊回答："好极了，我们在一切问题上各执己见。"在争吵中，一些国家的代表甚至不顾首脑的身份，抛弃外交家的风度，撕破脸皮大干了。意大利首相奥兰多为了达到自己的目的，交替使用奉承与威胁的手段，而且不惜以装腔作势地退出会场的行动相要挟，不料没人理会，只得没趣地又从原门回来。不可开交的争吵使会议开得杂乱无章，甚至分不清正式记录和非正式记录。

巴黎和会争论的主要问题是：国际联盟问题、德国疆界问题、德国的赔款问题、阜姆问题、山东问题。对于中国的山东，三巨头决议将原德国的所有权益给予日本。这种无视中国主权的卑劣行径，激起了中国人民的强烈反对，燃起了熊熊的"五四"烈火。列强们虽矛盾重重，可在一点上是统一的——反对苏俄。巴黎和会成了武装干涉苏俄的指挥中心。

经过列强们5个多月的争吵，终于于1919年6月28日，在凡尔赛宫镜厅签订了《协约及参战各国对德和约》即《凡尔赛和约》。德国代表被召来之后，没有任何争辩的权利，被迫签字。德国外长勃洛克道夫·伦卓说："大家要我们承认唯有我们应负战争的责任。我本人如果这样承认，那就是我在作欺人之谈。"

凡尔赛和约共440条，第一部分为国联盟约，以后是对德和约。和约对德国在领土殖民地，军事、赔款等方面提出了十分苛刻的要求。通过和约，德国的领土减少了1/8，其中包括铁矿的65%，煤矿的45%，人口减少了1/10。德国的殖民地被

各国代表在《凡尔赛和约》上签字

列强们以委任统治的方式重新瓜分，德国的陆军被减至10万，德国还要在丧失赔偿能力的条件下承担巨额赔款。和约是战胜国宰割战败国的产物，列宁称之为强盗和掠夺者的条约。德国人民被套上了沉重的枷锁，德国垄断资产阶级和军国主义分子有了煽动复仇主义的口实。

通过凡尔赛和约，法国收回了在普法战争中失去的阿尔萨斯——洛林地区，获得了萨尔矿区15年的开采权，并将得到大批赔款。英国获得了原德属东非的大部分（坦噶尼喀）的统治权及德国的赔款。老牌外交家克里孟梭、劳合·乔治纵横捭阖于和会之中，颇有收效。相形之下，学究气过重的威尔逊略为逊色，美国所获不多，因而美国参议院没有批准《凡尔赛和约》。在这个回合中，美国暂时失利。

你知道吗

《凡尔赛和约》在哪个宫殿签订的

凡尔赛宫镜厅，又称镜廊，厅长76米，宽10米，高13米。镜厅墙壁上镶有17面巨大的镜子，每面镜子由483块镜片组成，反射着金碧辉煌的穹顶壁画。它是法国的凡尔赛宫最奢华、最辉煌的部分，到了第一次世界大战结束，法国指定在镜厅签订《凡尔赛和约》，现在这里仍保存着当年与会代表的用品，以纪念法国人的光荣及这重要仪式。

凡尔赛和约连同其后协约国同德国的盟国签订的一系列和约构成了战后欧洲帝国主义新秩序，形成了凡尔赛体系。凡尔赛体系没有解决帝国主义国家之间的尖锐矛盾，没有造就威尔逊所鼓吹的“永久和平”，却为第二次世界大战埋下了伏笔。

五四爱国运动

五四运动是在中华民族灾难空前深重的时候，在俄国十月革命的影响下发生的中国人民反帝反封建的爱国民主运动。它爆发的基本原因，是帝国主义对中国加紧侵略和北洋军阀政府对内残酷压迫人民，对外妥协投降所造成的民族危机。

当中国在巴黎和会上外交失败的消息传到国内后，全国人民群情激愤。5月4日，北京学生3000余人在天安门集会举行示威游行，高呼“外争国权，内惩国贼”、“拒绝和约签字”、“废止二十一条”、“誓死争回青岛”、“抵制日货”等口号，一致要求惩办亲日派卖国贼曹汝霖（订“二十一条”时的外交次长，当时任交通总长）、陆宗舆（订“二十一条”时的驻日公使，当时任市制局总裁）、章宗祥（当时任驻日公使）。示威群众愤怒地焚毁了曹汝霖的住宅，痛打了藏在曹宅的章宗祥。次日，北京学生宣布总罢课，随后中等以上学校又成立了学生联合会，各校学生发表宣言，散发传单，号召群众开展抵制日货的运动。北洋军阀政府大肆逮捕学生，进行镇压，但是，这并没有使学生屈服，斗争的火焰迅速燃遍全国各地。天津、武汉、上海、南京等地也出现大规模的学生运动。从6月3日起，北洋军阀政府更大规模地镇压爱国学生，从而激起了工人阶级和全国各界的愤慨。

五四爱国运动时群情激愤的群众

6月3日以后，五四运动进入了一个新的阶段。五四运动的主力已由青年学生变为工人阶级了。首先是上海的商界和工人举行罢市罢工，声援北京学生的斗争。罢工浪潮迅速波及全国许多地方，京汉路的长辛店工人，京奉路的唐山工人以及济南、九江、杭州、南京、武汉等地的工人也纷纷举行罢工。此外，武汉、济南、长沙、安庆等地的商人也举行了罢市或示威游行。北洋军阀政府为了缓和全国人民的斗争，于6月6、7两日全部释放了被捕的学生，公开表示道歉。10日上午，北洋军阀政府迫不得已“批准曹汝霖辞职”、“批准陆宗舆辞职”。当晚又下令把章宗祥免职。后来，在全国人民及海外华侨（特别是旅法华侨及学生）的强烈要求下，北京政府又被迫命令出席“和会”的中国代表拒绝在和约上签字。这样，五四运动所提出的直接斗争目标基本得以实现。

五四运动具有伟大的历史意义：

第一，由于五四运动是在当时世界革命和俄国革命号召之下爆发的，所以它是当时无产阶级世界革命的一部分。中国工人阶级作为一支独立的政治力量登上了历史舞台，并显示了其战斗威力和决定作用。所以，五四运动是中国旧民主主义革命与新民主主义革命的分界线，是中国新民主主义革命的开端，具有划时代的意义。

拓展阅读

“二十一条”的主要内容

“二十一条”共分为五号，第一号是关于日本接收山东省内旧德国权利、并扩展筑路权、定居权和通商权的要求。第二号要求将日本在关东州租借地、南满铁路、安奉和吉长铁路的权益再延期99年，以及日本人在内蒙古东部和南满的开矿、定居、通商权利。第三号要求日本独占汉阳、大冶、萍乡的煤铁事业。第四号要求中国不将沿海口岸和岛屿割让他国。第五号要求中国政府聘用日人担任军事和财政顾问。湖南、湖北、浙江、江西、福建等省铁路建造权利交与日本等。

第二，五四运动有力地打击了帝国主义和封建军阀政府，充分显示了中国人民捍卫民族独立、争取民主自由的顽强斗争精神。

第三，五四运动是一次彻底的不妥协地反对帝国主义和封建主义的爱国民主运动。

第四，五四运动是一次伟大的思想解放运动。它促进了新文化运动的深入发展和马列主义的广泛传播，极大地启发了中国人民的觉悟。

第五，五四运动促进了马列主义同中国工人运动的结合，从而为中国共产党的成立在思想上、组织上和干部上做了准备，促使中国革命出现一个崭新的面貌。

基本小知识

旧民主主义革命

旧民主主义革命是由资产阶级领导的，以建立资本主义社会和资产阶级专政的国家为目的、反对外国侵略和本国封建统治的革命。从1840年鸦片战争到1919年五四运动前的79年，即为旧民主主义革命时期。

中国共产党第一次代表大会

中国共产党第一次代表大会会址

五四运动后，早期共产主义者为在中国建立共产党开展了大量工作。从1920年8月以后，全国一些地方陆续建立了共产主义小组。

共产主义小组首先是在上海建立的。1920年8月，在共产国际代表的帮助下，在上海成立了中国第一个共产主义小组，陈独秀为书记。上海共产主义小组成立后，担负着发起、筹备和组织中国共产党的任务。

1920年10月，北京共产主义小组成立，北京小组成为北方革命运动的核心。

1920年9、10月间，湖北共产主义小组成立。

1920年12月，山东共产主义小组成立。

1920年冬，湖南共产主义小组成立。

1921年1月，广东共产主义小组成立。

此外，在日本东京和法国巴黎的中国留学生和侨民中也建立了共产主义小组。曾经参与发起上海组活动的施存统，赴日留学后，1920 年冬同周佛海在东京建立了共产主义小组。1920 年秋，北京小组的成员张申府赴法国巴黎，先后发展了刘清扬、周恩来、赵世炎等，于 1921 年春组成了巴黎共产主义小组。

各地共产主义小组成立后，为中国共产党的成立在思想上和组织上准备了条件。

各地共产主义小组成立后，迫切需要建立一个全国性的统一的党的组织来领导中国革命。在共产国际的帮助和各地共产主义小组的努力下，中国共产党第一次全国代表大会于 1921 年 7 月 23 日至 31 日在上海租界贝勒路树德里（即望志路 108 号）举行（大会在最后一天移至浙江嘉兴南湖举行）。出席大会的代表是：上海小组的李达、李汉俊，北京小组的张国焘、刘仁静，湖南小组的毛泽东、何叔衡，湖北小组的董必武、陈潭秋；山东小组的王尽美、邓恩铭；广东小组的陈公博；东京小组的周佛海。此外，陈独秀还指定包惠僧参加了大会。他们代表全国 50 多名党员。共产国际的代表马林和赤色职工国际的代表厄科尔斯基也出席了大会。大会由张国焘任主席。其议程是：听取各地共产主义小组的活动情况报告，起草并讨论党纲和工作计划，选举党的中央领导机构。大会的中心任务是讨论成立中国共产党。

大会首先听取了共产国际代表的报告和各地共产主义小组工作的汇报。然后，选出了一个起草党纲和工作计划的委员会。经过讨论，通过了《中国共产党的第一个纲领》。纲领把党的名称定为“中国共产党”，规定党的奋斗目标是以无产阶级革命军队推翻资产阶级，建立无产阶级专政，废除私有制，直至消灭阶级差别。党纲还对党的各级领导机构的组成形式、职权和相互关系作了规定，并确定了党的组织原则是民主集中制。

大会通过的《关于当前实际工作的决议》确定：党在当前的中心任务是组织工人阶级，加强党对工人运动的领导，推动工人运动的发展。还对一些具体工作做了部署。

最后，大会选举陈独秀（任中央书记）、张国焘（任组织委员）、李达

(任宣传委员）三人组成党的中央领导机构——中央局。

党的第一次全国代表大会具有伟大的历史意义。它正式宣告了伟大的中国共产党的诞生，这是我国近代历史上开天辟地的大事变，它标志着中国无产阶级认识到自己所肩负的伟大历史使命，它给灾难深重的中国人民带来了光明和希望，中国工人阶级从此有了自己的司令部——一个用马列主义武装起来的、以列宁的建党原则为指导的、以布尔什维克党为榜样建立起来的统一的无产阶级政党，使中国革命事业有了胜利的可靠保障。“自从有了中国共产党，中国革命的面目就焕然一新了”。从此，中国人民不仅可以胜利地进行反帝反封建的斗争，而且使中国人民争取社会主义革命和建设的光明前程有了胜利保障。

知识小链接

陈独秀简介

陈独秀（1879—1942)，原名庆同，官名干生，字仲甫，号实庵。中国新文化运动的发起人和旗帜，中国文化启蒙运动的先驱，五四运动的总司令，中国共产主义运动的先行者，中国共产党的创始人及首任总书记，中共一大至五大期间党的最高领袖。

意大利法西斯专政

1922 年 10 月下旬的一天，一群身着黑衫的暴徒在意大利那不勒斯集会，接受意大利法西斯头子本尼托·墨索里尼的检阅。墨索里尼杀气腾腾地说：“目前形势的要求是：或是把政权交给我们，或是我们向罗马进军，夺取它!”队伍中响起一阵“向罗马进军”的狂叫。随后，他们就进行“向罗马进军”。29 日，国王伊曼纽尔三世委任墨索里尼组阁。意大利法西斯夺取了政权。

墨索里尼（1883—1945）是现代法西斯主义的鼻祖。他原是意大利社会党人。第一次世界大战爆发后，他主张沙文主义，退出了社会党，并在自己周围纠集了一批狂热的沙文主义者，进行鼓动和恐怖活动。

拓展阅读

“法西斯”本是刑具

“法西斯”是一个古老的名词，起源于罗马。当时，罗马的每一个执政官都有12名侍卫官。侍卫官肩上荷着一束打人的笞棒，中间插着一把斧头，象征着国家最高长官的权力。这种笞棒就叫“法西斯”。它是用来处人以死刑的一种刑具。

第一次世界大战后初期，意大利出现了声势浩大的工人夺取工厂、农民夺取土地的革命运动。意大利大地主大资产阶级惶恐不安。同时又因战后分赃太少而心怀不满。他们需要找到一种既能对付革命运动，又能对外扩张的力量。在大企业主的资助下，墨索里尼在1919年3月纠集游民和退伍军官，在米兰成立了名为“战斗法西斯”的半军事组织。因其成员着黑色制服，又名之为“黑衫党”。

“战斗法西斯”一方面提出蛊惑人心的“平等选举权”、“八小时工作日”之类口号，同时又声称社会党及左派力量是“红色危险”，对之进行“讨伐”，大搞打砸抢。政府和垄断资本对此加以纵容、支持和资助。一些怀有激进情绪、对社会党的妥协政策失望不满的群众，也受到法西斯的裹挟。

1920年占领工厂运动结束后，法西斯势力已有一定发展，并于次年5月进入议会。1921年11月，墨索里尼把“战斗法西斯”改组为“国家法西斯党”，党徒达15万人。意大利人民展开了反法西斯的斗争，如反法西斯“人民勇士”运动和“劳动联盟”运动，但没有能阻止法西斯势力的扩大。终于在1922年10月的“向罗马进军”中，法西斯夺取了政权。

墨索里尼宣称，“法西斯主义是极权主义的”，它坚决反对马克思主义、社会主义和“所有的民主主义意识形态”。它认为战争、帝国主义和民族扩张，才是民族“生气勃勃”的表现，将给人“盖上高贵的印记”。墨索里尼上台后，就一步一步地建立了法西斯极权统治。法西斯分子对共产党人、社会党人和进步分子进行野蛮屠杀，使用阴谋和暴力来攫取议会选举的多数席位。法西斯分子解散了上百个反法西斯政党、组织和政治俱乐部，剥夺了人民的基本民主权利，清洗了国家机关中的反对派，使墨索里尼掌握不受议会监督、不经立法手续而颁行法令的独裁权力。意共领袖葛兰西也在1926年11月遭到法西斯逮捕，后被长期监禁。在企业中实行《法西斯劳动宪章》，确认企业主的统治地位，严厉惩罚罢工。到1934年，墨索里尼又颁布法令，建立法西斯专政的“职团国家”。意大利法西斯专政体制至此臻于完善。它以“超阶级”的假象掩盖着大地主和垄断资本的法西斯独裁。

在经济上，法西斯政府取消了对战争期间搞投机活动的资本家的控告和对军事利润的调查，取消保险、电话等企业的国家垄断，改由私营，废除家族财产继承税、股票红利税，取消对地租额的限制，废除了占领荒地合法化的法令，把农民夺取的土地还给地主。法西斯政府还通过降低工人工资，给垄断资本以巨额补助，来应付经济危机，保证垄断资本的利益。

意大利法西斯对外实行扩张侵略，野心勃勃地要恢复罗马帝国的“盛世”，特别对地中海沿岸地区垂涎欲滴。1923年8月，意大利炮轰并强占希腊的科孚岛。9月进占阜姆，迫使南斯拉夫将其地割与意大利。因与法西斯德国和英、法在巴尔干地区都有矛盾，30年代，意大利把侵略矛头指向了非洲之角的埃塞俄比亚。1935年10月发动侵埃战争，翌年6月占领亚的斯亚贝巴。1936年意大利伙同法西斯德国武装干涉西班牙，推翻了西班牙共和国。从此意、德勾结起来，结成了法西斯“轴心”，加入了

墨索里尼悬尸街头

现代

德日“反共协定”，共同成为第二次世界大战的罪魁祸首。1939 年 4 月，意大利出兵占领阿尔巴尼亚。1940 年 6 月，意大利乘法国之危，对法宣战。

但意军在战场上屡遭失败，国内经济破产，人民反法西斯运动高涨。1943 年 7 月，反法西斯盟军反攻进入意大利，意大利统治阶级内部发生政变，墨索里尼被逮捕。之后他被德国法西斯救出，并在北意建立傀儡政权，苟延残喘。1945 年 4 月，意大利人民举行总起义，墨索里尼在仓皇出逃中被游击队俘获。4 月 28 日，依照人民法庭的决定，墨索里尼被处死，并悬尸街头，任人唾骂，结束了他恶贯满盈的一生。

拓展阅读

轴心国一词的来历

轴心国一词源于 1936 年 11 月 1 日意大利法西斯独裁者墨索里尼在《德意同盟条约》签订后不久对此评价的一次演说：“柏林和罗马的垂直线不是壁垒，而是轴心。”因柏林和罗马在同一经度线上，因此，后人就把法西斯同盟称为“轴心”，参加国称为“轴心国”。

1929—1933 年世界经济大危机

1929 年 10 月的最后几天，是资本主义历史上至今令人心惊胆战的日子。那几天，资本主义世界金融中心纽约的证券交易所里，充满了沮丧、绝望、疯狂和混乱。24 日开盘后短短几小时内，股票抛售额就将近 1300 万股，比平时陡增几倍，但买方却几乎一个人也没有。接下去几天，越抛越多，越跌越惨。29 日竟达 1600 万股。成千上万的股票持有者顷刻之间倾家荡产。人们捶胸顿足，精神失常，跳楼自杀。巨商大贾们惊叫，倒霉的“黑色星期五”又来了。1929—1933 年经济危机爆发了。

这是资本主义历史上最深刻、最持久、最严重的一次经济危机。从美国开始的冲击波，立即席卷其他资本主义国家。1932 年达到危机顶点。1933 年以后才陆续走出危机。

这次大危机主要表现在以下几方面：

经济危机下美国一家银行前挤满兑现的人群

一、工业生产大幅度下降，超过以往的危机，使各主要国家工业生产倒退到19世纪末20世纪初的水平。各国工业生产下降的最大幅度为：美国56%，英国24%，法国36%，德国41%，日本33%。数十万家企业倒闭破产，如美国14万家，德国几十万家。甚至一些大的垄断企业也风雨飘摇。尚未倒闭的企业开工严重不足，只能苟延残喘。美国汽车工业在危机最严重时开工率仅为5%，钢铁工业只有15%。德国全部工业的开工率为1/3。英国造船业开工率只有8%。许多热闹繁忙的工业区变得死气沉沉，杂草丛生，零落不堪。

基本小知识

经济危机

经济危机指的是一个或多个国民经济或整个世界经济在一段比较长的时间内不断收缩（负的经济增长率）。经济危机是资本主义经济发展过程中周期爆发的生产相对过剩的危机，也是经济周期中的决定性阶段。自1825年英国第一次爆发普遍的经济危机以来，资本主义经济从未摆脱过经济危机的冲击。

二、农业危机空前严重，与工业危机交相激荡。农产品“过剩”，堆积如山，各国农产品价格下跌了1/4至1/2以上。大量农产品被倒入江河，投入炉膛，数千万头牲畜被宰杀抛弃，成千万亩庄稼被犁在田地里，许许多多农业机器被弃置不用。农民收入锐减，普遍陷入贫困和破产，中小农户处境尤为恶劣。日本农民负债额从 1929 年到 1931 年增加了 1/2，德国农产品价格下跌而农民减少收入 30 亿马克，美国农业中的货币收入 1932 年比 1929 年减少了近 3/5，比 1914 年还低。

三、国际经济往来急剧下降。从 1929 年到 1933 年，整个资本主义世界的国际贸易额下降了 2/3，退回到 1919 年的水平以下。即使扣除物价下跌因素，国际贸易的实物量也缩减了 1/4 以上。各国的对外资本输出也大为减少。

四、货币金融信用危机十分严重。1929 年纽约证券交易所的崩溃，是美国信用危机的信号。危机期间美国有 1 万多家银行破产，占全国银行总数的将近 1/2。法国贝壳银行、奥地利信用银行的达姆斯塔特银行和德国累斯顿银行等大银行先后破产，一系列柏林大银行摇摇欲坠。许多国家储备锐减，纷纷实行货币贬值，废止金本位制，实行外汇管制。资本主义世界货币体系四分五裂。

这场大危机暴露了现代资本主义的深刻矛盾和问题，并产生了深远后果。劳动群众收入锐减，失业剧增，饥寒交迫。1933 年美国失业人数近 1300 万，占劳动人口的 1/4。德国失业人数最多时竟占工人的 1/2。1935 年法国失业和半失业者也占工人的 1/2。工人的实际收入，在美国下降了 1/4，在德国减少了 1/3。中小农户和城市小资产阶级，大批陷入贫困破产。阶级斗争重新高涨起来，工人高呼“不愿饿死，必须战斗”，举行示威和罢工。农民展开斗争，要求“土地归农民”。经济危机加剧了帝国主义争夺市场的斗争。各国千方百计倾销本国商品，同时大兴保护主义，高筑关税壁垒。资本主义世界形成一个个排他性的贸易集团、货币集团。激烈的经济战使 1933 年伦敦经济会议失败，并逐步演变成政治军事的对垒。经济危机使各国垄断资本如临深渊，急于寻找出路。一部分国家，如美国，在资产阶级民主的范围内实行国家垄断资本主义的改革。另一部分国家如德、日，则走上了法西斯专政和侵略战争的道路，形成了新的世界大战的策源地，从而引起国际关系格局的重大变化。

基本小知识

垄断资本主义

垄断资本主义即帝国主义，是资本主义发展的最高阶段。它是在资本主义生产力和生产关系的矛盾进一步发展的基础上，在生产和资本加速集中的过程中，于19世纪末20世纪初形成起来的。

红军长征

1934年10月，由于王明“左”倾冒险主义的错误，导致了革命根据地第五次反“围剿”的失败。红军被迫退出根据地，开始实行举世闻名的二万五千里长征。历时两年的长征，红军历尽千辛万苦，纵横11个省，翻越了终年积雪的高山，走过了人迹罕至的草地，粉碎了几十万敌人的围追堵截，创造了古今中外战争史上的空前奇迹。

参加长征的主要部队有：红军第一方面军、第二方面军和第四方面军。这三大主力的长征是分别进行的。虽然他们出发的时间不同，出发的地点不同，行军的路线也不相同，但是，三大主力在长征中相互配合、相互支持，最后终于战胜了重重困难，在陕北胜利会师。三大主力红军的会师，使革命的中心由南方转移到北方，实现了红军北上抗日的战略意图。

红军长征过草地

红一方面军的长征是在1934年10月开始的。当时，红军主力8万多人从福建的长汀、宁化和江西的瑞金、雩都（今于都）出发，分两路向西进军。长征初期，由于“左”倾机会主义者继续坚持其错误领导，他们在突围中惊慌失措，表现为退却中的逃跑主义。在政治上，没有对干部和群众进行必要的政治动员和解释工作，因此，许多干部和战士对红军的行动茫然不知所措。在军事上，没有给部队必要休整，突围后又消极避战，实行所谓“叫化子打狗，边打边走”的方针。在组织上，他们采取了大搬家的行动，携带了大批辎重，组织了庞大的后方机构，把坛坛罐罐、笨重器械全部带上，使得红军行动迟缓，被动挨打。

尽管这样，我红军战士仍然发扬不怕牺牲、英勇奋战的精神，在短短的时间内，冲破了敌人设置的四道封锁线。

冲破封锁线后，红军的战略意图是与湘西的二、六军团会合。这时，蒋介石忙调重兵堵截追击，以阻挡两部红军会师，形势比较紧张。加之，在冲破四道封锁线时，红军已付出了惨重的代价。在这种情况下，中央红军再与五六倍于己的敌人打硬仗，势必有全军覆灭的危险。这时，毛泽东力主放弃与二、六军团会合的计划，改向敌人力量薄弱的贵州前进。红军改变进军方向后，一举攻克了黎平。1935 年 1 月，又强渡乌江天险，占领了遵义城。党中央在这里召开了著名的遵义会议，结束了王明“左”倾错误的统治。此后，红军在毛泽东、周恩来等同志的领导下，采取了机动灵活的运动战术，一反过去被动挨打的局面，四渡赤水，巧渡金

拓展阅读

运动战的典范：四渡赤水

四渡赤水，是中央红军在川黔滇边地区进行的一次出色的运动战。在这次作战中，伟大的毛泽东充分利用敌人的矛盾，根据情况的变化，灵活地变换作战方向，指挥红军纵横驰骋于川黔滇边界地区，巧妙地穿插于敌人重兵集团之间，调动和迷惑敌人。当发现敌人的弱点时，立即抓住有利战机，集中兵力，歼敌一部，牢牢地掌握战场的主动权，从而取得了战略转移中具有决定意义的胜利。这是我军战争史上以少胜多、变被动为主动的光辉范例。

沙江，抢渡大渡河，飞夺泸定桥，翻过终年积雪的夹金山，于 1935 年 6 月中旬在四川西部的懋功与红四方面军的先头部队胜利会师。两军会师后，党中央又战胜了张国焘的分裂红军，阻止了其妄图危害党中央的罪行，于 1935 年 10 月胜利到达陕北。

当红一方面军主力到达陕北，胜利地结束了长征之后，由红二、六军团组成的红二方面军也开始了自己的长征。

1935 年 11 月，红二方面军自湖南的桑植出发，冲破敌人的包围，于 1936 年 4 月渡过金沙江，7 月到达甘孜，在这里与红四方面军胜利会师。

红四方面军是 1935 年 3 月底退出川陕根据地的。在战略转移中，他们先后攻克了一些城镇，但是，由于张国焘坚持南下逃跑的路线，使红四方面军的北上一度受到影响。二、四方面军会合后，广大指战员对张国焘的分裂主义错误进行了坚决的抵制和斗争，使张国焘被迫同意二、四方面军共同北上。

到达陕北的红四方面军

1936 年 7 月，红二方面军和红四方面军自甘孜出发，向红一方面军所在地进军，他们越过雪山草地，于 8 月先后到达甘肃南部的会宁城，在这里与前来接应的红一方面军胜利会师。

三大主力的会师标志着红军长征的胜利，标志着帝国主义、国民党反动派围追堵截的失败，标志着中国革命已经转危为安。正如毛泽东指出的那样："长征是历史纪录上的第一次，长征是宣言书，长征是宣传队，长征是播种机。""长征是以我们的胜利，敌人的失败而告结束。"长征一结束，新的局面也就开始了。

日本法西斯专政建立

1936 年 2 月 26 日拂晓时分，日本东京的首相府等处，突然枪声大作。1000 多名少壮派军人，向首相府、警视厅等发动了袭击，内阁大臣，藏相、教育总监等政府要人当即被打死，首相冈田启介幸免一死。暴动者要求建立军事政权。这就是日本现代史上著名的“二二六政变”。

“二二六政变”是日本 20 世纪 30 年代法西斯专政建立过程中的一起重要事件。正是在政变之后，日本建立了法西斯的军部专政。

“二二六政变”后临时作为戒严司令部的军人会馆

日本本是一个军事封建性帝国主义国家。20 世纪 20 年代在日本人民阶级斗争和民主运动的推动之下，代表资产阶级的政党力量有所上升，建立了议会政治和政党内阁。但是天皇和军部仍拥有居于议会和政党内阁之上的种种特权。从 1927 年日本发生金融危机，继之以 1929 年开始的资本主义世界经济危机，使日本工业生产猛烈下降，农业产品价格暴跌，进出口贸易骤减。阶级矛盾随之激化，劳资纠纷和农民斗争成倍增加。日本共产党站在人民阶级斗争的前列。在严重的经济危机和高涨的阶级斗争面前，日本大垄断资本——财阀、大地主、军阀势力以及形形色色的法西斯团体，迫切要求“改造国家”，建立强有力的军部专政，以便对内加强镇压和对外进行侵略。法西斯分子和少壮派军人，企图用刺杀和恐怖活动来达到目的。

1930年，滨口雄幸内阁由于对英美实行“协调外交”，在伦敦海军会议上做了让步，并压缩财政，略为限制了军费，引起军部强烈抗议，说政府签订海军协定是“干犯统帅权”，是“软弱外交”。11月，在军部煽动下的右翼青年刺杀了滨口首相，从而揭开了军部和法西斯势力对政党内阁发动攻击的序幕。

接着，军内法西斯组织“樱会”在1931年3月发动了一次政变，试图建立军部独裁未遂。九一八事变后，随着战争的开始，军部影响稳步加强，法西斯势力的活动也更为猖獗。1931年10月，一批右翼青年军官以“樱会”为中心，又策划了一次以建立军部内阁为目的的未遂政变。1932年2—3月，法西斯分子刺杀了前大藏大臣井上准之助，并计划暗杀其他党政要人。1932年5月，一群少壮派军人和民间“爱乡塾”法西斯分子，刺杀了首相犬养毅，声称要消灭政党。犬养毅被杀后，海军大将斋藤实为首相组织“举国一致”内阁，而在2月大选中获多数议席的政友会却因军部反对而未能组阁。这表明，日本短暂而脆弱的政党内阁时期结束了。

基本小知识

九一八事变

九一八事变指1931年9月18日在中国东北爆发的一次军事冲突和政治事件。当晚10时许，日本关东军在沈阳北大营南约800米的柳条湖附近，将南满铁路一段路轨炸毁，称是中国军队破坏铁路。日军独立守备队第二大队即向中国东北军驻地北大营发动进攻。这就是震惊中外的九一八事变。

斋藤内阁和随后的冈田启介内阁，对外侵略更为积极。它们是向全面法西斯专政转变的“过渡内阁”。同时，垄断资本——财阀，由于在侵略战争中大获其利，日益由支持政党转向支持军部。然而，军部中对于如何建立法西斯专政，却存在着分歧。主要由高级军官为首的“统制派”，认为形势的发展可以通过合法途径来改变现有政权结构，树立军部的支配地位，实现天皇制军部专政。主要以中下级军官为首的“皇道派”，仍急于以政变和暴力途径去推翻政党势力。1935 年 8 月“皇道派”分子刺杀了“统制派”骨干分子永田铁山，并发生了1936 年的“二二六政变”。“二二六政变”被镇压后，“统制派”乘机肃军，打击了“皇道派”，同时利用事件向政界施加压力，贯彻军部的主张。

“二二六政变”后上台组阁的是前外相广田弘毅。广田是法西斯团体玄洋社的成员，他的内阁人选是按军部意见决定的，并接受了军部的“国防国家”设想，发布了“加强国防”、“明确国体”、“更新行政机构”、“革新外交”等“七大国策”。广田内阁时期，恢复了军部大臣现役武官制，发布“国体明征声明”，否定了作为政党政治理论基础的“天皇机关说”；草拟了“全面革新政治大纲”，规定废除政党政治，实行一国一党，确定了包括军部全部要求的《国策大纲》，要“确保帝国在东亚大陆的地位的同时，期望向南方海洋发展”，实际提出了太平洋战争的设想，修改“帝国国防方针”，制定了大规模的扩军计划，并实行“军费未定，岁入就不确定”的财政方针，禁止五一游行，实行“不稳文书取缔法”等反动法令，加强了对人民的镇压，缔结日德“反共协定”，公开加入了国际法西斯阵营。因此，广田内阁的成立及其任期内日本的一系列事件表明，日本天皇制的军部法西斯专政建立了。

知识小链接

广田弘毅简介

广田弘毅，日本第三十二任首相。1878 年 2 月 14 日生于筑前福冈那珂郡锻冶町。1905 年毕业于东京帝国大学法学系，1933 年任斋藤实内阁外相，1934 年任冈田内阁外相，1936 年任首相兼外相，1937 年 2 月内阁总辞职，6 月，任第一次近卫内阁外相。1940 年任米内光政内阁参议，1946 年作为侵华战犯接受远东军事法庭审判，被判极刑的七个人当中是唯一的文官，1948 年 12 月 23 日被处以绞刑，时年 70 岁。

德国法西斯专政建立

1933 年 1 月 30 日，德国柏林笼罩着一片病态的气氛。从黄昏到深夜，身着褐衫的纳粹冲锋队员乐极忘形地在大街上举行火炬游行。纳粹党（全称“德国国家社会主义工人党”）党魁希特勒刚刚接任德国总理，他站在总理府窗口，不断向游行者行纳粹举手礼。德国历史上最黑暗的篇章就这样开始了。

德国法西斯头子阿道夫·希特勒

纳粹党在德国上台，是德国垄断资产阶级在严重的经济危机打击之下，决心用对内加强压榨，对外进行战争来摆脱危机的结果。席卷资本主义世界的 1929—1933 年经济大危机，对德国的打击极为沉重。1932 年工业生产约比 1929 年下降了 1/2。失业工人最高达 800 万。农产品价格暴跌，中小农户大批地破产。对外贸易骤减。黄金外汇储备 1932 年比 1930 年减少了近 2/3。城市小资产阶级的处境也一落千丈，陷入困境。阶级矛盾不可避免地激化起来，阶级斗争迅速高涨。德国共产党提出了《德国人民民族解放和社会解放纲领》和《扶助农民纲领》，站在斗争前列，影响迅速扩大。在 1932 年 11 月国会选举中获得 600 万票，100 个议席，成为国会第三大党。

在经济危机打击下，魏玛共和国陷入了严重的政治危机。自 1930 年 3 月社会民主党缪勒政府下台后，接连出现的天主教中央党布鲁宁政府、巴本男爵政府、施来希尔将军政府，都没有议会的多数支持，只能靠“紧急法令”

来维持。它们越来越抛弃资产阶级议会民主的牌子，越来越与纳粹党勾勾搭搭。早已对议会民主制度不满的大垄断资本、容克地主阶级等反动政治势力，日益加紧反对议会民主制，并对纳粹党大力支持和资助。纳粹党在反动势力的扶植之下，加紧了夺取政权的活动。它打出蛊惑人心的“民族主义”和“社会主义”的旗帜，辅之以种种恐怖胁迫行动，裹挟了大批在经济危机下处境窘迫、心怀不满，而又在政治上走投无路或倾向保守的城乡小资产阶级、青年学生，以及一部分工人群众，势力大为膨胀起来。1932 年 7 月，纳粹党在国会选举中成为国会第一大党，纳粹党头目之一戈林竟当上了国会议长。德国走到了历史的十字路口。

基本小知识

魏玛共和国

魏玛共和国是形容 1919 年至 1933 年期间统治德国的共和政体之历史名词。由于共和国的宪法（一般称之为《魏玛宪法》）是在魏玛召开的国民议会上通过的，因此这个共和政府被称为魏玛共和国。共和国于德意志帝国崩溃、德国在第一次世界大战中战败后成立。虽然共和国废除帝制，但仍然保留以前的正式国名德意志国家或德意志帝国。

1932 年 7 月选举后，希特勒就与巴本、施来希尔等商谈组阁，谈判没有成功。接着在 1932 年 11 月 6 日新的一轮国会选举中，纳粹党得票骤然减少了 200 万，而共产党和社会民主党的得票都增加了。纳粹党内因失利而激烈争吵，希特勒甚至准备自杀。在此关键时刻，垄断资本通过阴谋活动，把希特勒从后门送上了台。

1932 年 11 月，即选举之后不久，以沙赫特、施略德尔、伏格勒、克虏伯、西门子等为首的一群德国最大的工业，金融界垄断巨头，联名上书兴登堡总统，要求“委托民族运动的最大的集团的领袖负责领导……总统制内阁”。其他一些极右保守势力，也大力主张让希特勒组阁。经过一系列幕后阴谋活动，兴登堡总统终于在 1933 年 1 月 30 日任命希特勒为德国总理。

希特勒上台后，法西斯的全面恐怖统治迅速在全国建立起来。法西斯首

德国法西斯迫害犹太人

先制造了“国会纵火案”，镇压并取缔了德国共产党，接着又取缔了一切非法西斯的政党和团体，残酷迫害一切反法西斯人士和犹太人，取消了人民群众的一切民主自由权利，严厉推行毁灭人类文明优秀成果的文化专制主义。法西斯控制的“国会”通过《授权法》，使希特勒拥有不受宪法约束而颁行法令的独裁权力。1934 年 8 月兴登堡去世后，希特勒集国家元首和政府总理的职权于一身，并拥有对武装部队的最高统帅权，至此希特勒的“德意志第三帝国”正式形成。在这个“第三帝国”里，党卫队、秘密警察四处横行无忌，监狱和集中营遍布各地，到处是一片恐怖。

法西斯为了准备战争，提出了“要大炮不要黄油”的方针，将国民经济置于法西斯国家的严格控制之下，逐步建立起一套为战争服务的经济体制。1936 年，希特勒明确要求，德国经济和军队都要在 4 年内为战争做好准备。德国的军事支出到 1938 年高达国民收入的 1/3。1935 年德国宣布实行普遍兵役制，开始全面公开的扩军备战。最后，法西斯终于把德国引上了发动世界大战的道路。使德国人民跌入了黑暗的深渊，也给世界带来了空前

你知道吗

你知道盖世太保是什么吗

盖世太保是德语“国家秘密警察”(Geheime Staats Polizei) 的缩写 Gestapo 的音译。盖世太保由党卫队控制。它在成立之初是一个秘密警察组织，后加入大量党卫队人员，一起实施“最终解决方案”，屠杀无辜。随着纳粹政权的需要，盖世太保发展成为无所不在、无所不为的恐怖统治机构。纳粹通过盖世太保来实现对德国及被占领国家的控制。

的战争灾难。

意大利侵占埃塞俄比亚

意大利在欧洲敌不过英法的力量，就对贫穷的非洲打起了主意。1935 年 10 月，它突然对埃塞俄比亚发动了进攻。意大利空军轰炸了埃塞俄比亚历史名城阿杜瓦，并以陆军分东、南、北三路进攻。埃塞俄比亚政府也下了动员令，抗意战争开始了。

埃塞俄比亚军队向侵略军发起冲锋

埃塞俄比亚在非洲东北部，是个古老的封建国家。它本来没有统一的军队，兵员是由海尔·塞拉西皇帝的卫队和隶属个别封建主的军队凑集起来的，大约有 50 万人。他们的装备很落后，大半是原始的刀枪。但是埃塞俄比亚人民并没有被意大利的飞机坦克所吓倒。他们提出了“坚决抗敌，至死不屈”的口号。在非常艰苦的条件下，奋勇抗击意大利侵略军。埃塞俄比亚广大农民和牧民生活本来是很贫困的，但他们为了国家的独立与自由，省下粮食和肉类，供应前线的战士。东部沙漠地带常常几百里地没有水源，牧民们就从很远的地方运水，由成群的驴子驮着随军行进，供给抗敌士兵饮用。

大敌当前，全国人民都团结起来，投入抗战。青年学生走上街头，来到乡村宣传抗战。音乐家和舞蹈家们随军到前线，为士兵们表演歌舞，鼓舞士气。妇女们也表现了可贵的爱国热情，她们在首都亚的斯亚贝巴组织了红十字协会和妇女协会，把妇女的力量组织起来，在前线救护伤兵，在后方宣传抗敌。

由于双方力量悬殊，埃塞俄比亚的抗战暂时遭到了挫折。意大利依仗它的空军狂轰滥炸，甚至使用了毒气，在 1936 年 5 月侵占了首都亚的斯亚贝巴。塞拉西皇帝出走英国，意大利法西斯在埃塞俄比亚开始建立残酷的殖民统治。但是埃塞俄比亚人民并没有停止斗争。他们决心“打倒最后一道壕沟，流尽最后一滴血”。游击队不断破坏铁路，炸毁桥梁，袭击占领军。在奎列索，有一支游击队有2.5万人，他们的武器和弹药都是从敌人那里夺取的。有一支游击队在一个晚上，偷偷靠近了敌人的兵营，把一篮蜜蜂扔进敌人的帐篷里。当敌人纷纷奔出去躲避蜜蜂叮蜇的时候，游击队把敌人的武器和弹药全都拿走了。

1937年，意大利法西斯举行了一个隆重的仪式，庆祝占领埃塞俄比亚首都一周年。一名21岁的名叫泽雷·德雷斯的青年被挑中派往罗马，让他在墨索里尼和意大利国王参加的庆典上，向某些高级官员呈献在埃塞俄比亚缴获的战利品，其中包括一把宝剑。在游行过程中，泽雷看到意大利人抢来的金质犹太族之狮，立刻警觉起来。这座雕像本来是立在亚的斯亚贝巴火车站附近的。他的眼睛充满了愤怒，意识到自己和祖国在受侮辱。于是他抽出献礼用的宝剑，不顾一切地扑向了敌人，砍倒了5名法西斯官员，自己也被射倒在地，身负重伤。几年之后，他死在监狱里。为了纪念这位青年的爱国主义精神，战后新造的第一艘埃塞俄比亚军舰，就以他的名字命名。

埃塞俄比亚人民的血没有白流。1941年4月，游击队收复了亚的斯亚贝巴。这年年底，意大利侵略军被全部赶了出去。埃塞俄比亚人民为反对法西斯的斗争，写下了光辉的一页。

知识小链接

海尔·塞拉西一世简介

海尔·塞拉西一世（1892年7月23日—1975年8月27日）原名里·塔法里·马康南，出生自埃塞俄比亚南部绍阿的贵族家庭。在1916年的政变后拥护孟利尼克二世的女儿佐迪图担任女王，并担任皇太子兼摄政王。1928年成为国王。1930年他正式加冕为帝，成为海尔·塞拉西一世。同时还获得“所罗门王和示巴女王二百二十五代继承者”、“犹太族的雄狮”、“上帝的特使”等称号。1974年9月12日被政变的陆军部队逮捕，并宣布退位。

卢沟桥抗战

1937 年 7 月 7 日，日本军队悍然炮轰卢沟桥（位于北平城西南 16 千米处），驻守卢沟桥阵地的中国军队奋起抵抗，日本的全面侵华战争和中国的全民族抗战就从这里开始。

日本选择这一时刻起事是因为，日军占领东北之后就加紧进行的全面侵华战争的准备到这时已经就绪。同时，这一时期英、美等国正忙于应付希特勒在欧洲引起的紧张局势，中国内部抗日民族统一战线还未正式形成，这种背景使日本认为有机可乘。日本选择在卢沟桥这一地点起事是因为，在此之前，日军已经占领东北和武装监视、支配着华北，全面侵华战争势必利用这一有利的战略地理条件首先占领华北的政治、经济、交通中心城市北平。而此时的北平，东面是日本卵翼下的“冀东防共自治政府”，北面和西北面是日本豢养的察北伪蒙军，只有西南面尚为中国军队驻守，而卢沟桥又是连接北平、通往南方的唯一要道，这样，日本起事最理想的地点就莫过于卢沟桥了。事实上，自 1937 年 4 月起，日本军队就经常在卢沟桥附近进行军事演习，6 月以后，日本军队的军事活动更加频繁，事变已不可避免。

1937 年 7 月 7 日夜 11 时左右，日本“华北驻屯军”河边正三旅团第一联队三大队八中队举行的军事演习即将结束时，以仿佛听到宛平城发枪数响，致使一名士兵失踪为借口，要求进入宛平城搜查。这一事先精心策划的借口为驻守卢沟桥的中国军队二十九军三十七师二一九团拒绝。正交涉间，日本军队向宛平城射击，继而炮轰卢沟桥，二一九团忍无可忍，抱着与卢沟桥共存亡的决心奋起抵抗。卢沟桥事变就这样爆发了。

事变发生后，日本政府即以全面战争的姿态进行紧张的军事和外交活动。7 月 11 日，日本内阁召开会议，发出“派兵华北的声明”；12 日，日本“华北驻屯军”司令官命令所属部队“做好适应全面对华作战的准备”；17 日，日本政府召集五相会议，决定向中国境内增兵 40 万，日本“关东军”参谋部亦竭力支持“华北驻屯军”把事变“彻底地扩大下去”。这样，大批日本军队、飞机、大炮、坦克等战争装备即由日本本土和日本占领下的朝鲜、东北源源不断地运到华北平津一带。26 日，日本军队完成了对平津的最后包围。日本政府在加紧军事行动的同时，却在外交宣传上宣称“卢沟桥事变”可以“局部解决”，日本政府不打算“扩大事态”等等，以欺骗世界舆论，麻痹国民党政府，争取战争的时间。7 月 26 日，日本军队向中国军队二十九军发出撤离阵地的最后通牒，同时猛攻二十九军阵地。29 日占北平，30 日陷天津，接着以平津为新的战争基地向中国内地展开全面进攻。卢沟桥事变终于推演成日本全面侵华战争的起点。

事变爆发后，7 月 8 日，中国共产党向全国发出了《为日军进攻卢沟桥通电》，号召“全中国同胞，政府与军队团结起来，筑成民族统一战线的坚固长城，抵抗日寇的侵略”，“驱逐日寇出中国”！长辛店工人、战地农民和北平各界民众当即以各种形式支援卢沟桥中国守军的抗战。同期，国民党政府也做出了一些积极的反应，7 月 8 日，向日本政府提出口头抗议，10 日，提出正式抗议，并开始向华北调动军队。16 日，向英、美、法、意、德、俄、荷、比各国政府发出备忘录，揭露日本破坏九国公约的行为。17 日，蒋介石发表“庐山谈话”，确定了准备抗战的方针。8 月 14 日，国民党政府发表了《国民政府自卫抗战声明书》，宣布“实行自卫”，并开始组织各地抗战。卢沟桥事变遂发展成为中国全面抗战的开端。

奇怪的战争

1939 年 9 月 1 日，法西斯德国悍然出动 58 个师、2500 辆坦克和 2000 多架飞机，全线进攻波兰。9 月 3 日，英、法相继对德宣战，第二次世界大战全面爆发。可是，紧接着出现的，却是一个离奇的战争局面：除了海上有激烈的战斗外，在法德边境上，双方各自安守阵地，静坐对峙长达 8 个多月。

9 月 1 日上午，波兰政府通过驻伦敦大使将德国入侵一事正式通知英国政府，并请求根据条约立即给予援助。当天下午，波兰向英法提出十万火急的要求，希望派飞机轰炸德国的空军基地和西部工业区，以便稍微分散一下德国空军的进攻力量。可是接连几天，波兰大使求见英国首相张伯伦都未成功。

9月3日，英法虽然对德宣战，政治上履行了对波兰的保证诺言，但对波兰根据条约提出的求援要求，既未及时响应，也未明确回答。

波兰军事代表团到达伦敦后无所事事地等到9月9日才受到英军参谋总部的接见，波军代表要求英国空军开始行动，立即供给波军急需的弹药，这些要求一个也没有得到满足。

法国对波兰的保证比英国更为明确具体，1939年5月9日法国参谋总长甘末林与波兰陆军部长签订的军事行动议定书规定，一旦波兰遭到德军攻击，法国空军应立即行动，保证派出60架飞机轰炸德国的目标，其活动半径为1500千米，陆军在宣布动员令后3天开始行动，对有限目标发动攻势，从总动员开始后第15天起，以其主力部队对德发动攻势。在谈判中波兰副参谋总长雅克林兹上校问到法国能够派出多少部队参加这一进攻，甘末林告诉他说，法国届时可派出35—38个师。可谓信誓旦旦。

可是实际上，无论英国还是法国，对波兰均未提供任何援助，除了对德宣战外，未敢多走半步。当时德军大部分主力投到波兰战场，西线只有23个师防守齐格菲防线，而英法拥有110个师，具有压倒优势，可是英法的百万大军却静静地坐在马其诺防线的工事里面按兵不动，眼睁睁地看着自己的盟国被敌人消灭。法国甚至

拓展阅读

号称固若金汤的马其诺防线

马其诺防线工事南起地中海沿岸法意边境、北至北海之滨的法比边境，全长约700千米，由一组组相互独立的筑垒式防御工事群构成。每一组工事包括一个主体工事和一些观察哨所，相互间以电话联系。主体工事一般距地面30米，其中有指挥部、炮塔、发电设备、修理设备、医院、食堂、宿舍等各类设施，工事外面则密布金属柱、铁丝网，号称固若金汤。

要求英国空军不要轰炸德国，以免法国境内遭到报复。在德国西部边界两边，双方的军队在彼此的射程范围内毫无遮掩地走来走去，各干各的事。德国人在铁路上装卸枪炮和辎重，法国人并不去打扰他们，每天数着从莱茵河右岸通过的德军列车，而这些军车距离他们只不过500米。德军只要竖起“我方不开枪”的标语牌，就可以不用掩蔽地进行作业。直到12月9日宣战3个多月以后，英军才第一次有了伤亡——一个出外巡逻的班长被流弹击毙。整整半年多“西线无战事”。人们把这种奇特的现象称为“奇怪的战争”。

奇怪的战争是英法长期推行绥靖政策带来的后果。张伯伦对波兰的保证本是虚张声势，并无认真的军事上的准备做后盾。早在1939年春，英法总参谋部就援波问题达成了协议，认为“波兰的命运将取决于战争的最后结局，而不取决于我们能否从一开始就减轻波兰所受到的压力”。德国的入侵，这种虚张声势的保证被戳穿，绥靖政策完全破产，英法虽然被迫宣战，但除了进行海上封锁以外，既没有援助波兰的应急计划，国内也未做好战争准备。张伯伦从任财政大臣到首相，对军备历来很不重视，当德国军事预算每年达到10亿英镑的时候，英国每年才花费2000万英镑。1939年，眼看战祸将临，但由于认为战争的头一个回合将是法国对德国，英国的战备工作既缓慢又缺乏效率。4月通过征兵法案，到战争爆发时，欧洲大陆还不见英国部队的踪影，刚刚组建的4个师，直到10月才抵达法国，此时波兰战事早已结束。

波兰灭亡以后，英法虽然拒绝了希特勒的和平建议，并在军事外交方面采取了一系列措施进行战争准备和牵制活动，以孤立和打击德国，但并未完全放弃绥靖政策。特别是苏芬战争爆发以后，张伯伦和达拉第利用舆论对芬兰的同情和对苏联的仇视，妄图重新复活绥靖政策，对苏联展开了广泛的诬蔑宣传运动，极力动员英法人民及世界舆论进行反苏战争，以开辟新的战场，分散德国对西线的注意力。苏芬战争结束以后，英法的绥靖幻梦彻底破灭，达拉第政府因此倒台。英法面对德国即将到来的进攻，不得不决心迎战了。3月28日在伦敦召开的英法最高军事会议上，张伯伦提出必须立即执行“皇家海军”作战计划，并在挪威海域布雷以截断德国的铁矿石供应。可惜的是为时已晚，如挪威领海布雷计划，早在1939年9月29日就已提出，英国内阁曾一致赞同，后来由于芬兰战争影响又撤销原议，等到张伯伦下决心时，希特勒已抢先一步了。奇怪的战争终因德国进攻挪威而告结束。英法玩弄的假战争，最后把自己拖入一场真战争，并不得不为此付出惨重的代价。

基本小知识

绥靖政策

绥靖政策也称姑息政策。一种对侵略不加抵制，姑息纵容，退让屈服，以牺牲别国为代价，同侵略者勾结和妥协的政策。第二次世界大战前，这一政策最积极的推行者是英国、法国、美国等国。“绥靖”一词，来源于《三国志·吴书·陆逊传》：“君其茂昭明德，修乃懿绩，敬服王命，绥靖四方。”

不列颠空战

1940 年 6 月，希特勒在征服波兰和北欧国家后，又席卷西欧，控制了自挪威北角到西班牙的大西洋沿岸地区，形成了对英伦三岛的新月形包围圈。7 月 16 日，希特勒又下令制订“海狮”计划，准备派军在 9 月 15 日前登陆英伦，摧毁英国。

但是，要征服英国有一定的难度。风急浪高的英吉利海峡是一道天然的屏障，没有制海权，坦克就只能望洋兴叹。德国海军本来就没有英国海军强大，在挪威海岸又折损过半，如何对付英国海军成了希特勒最头痛的事情。这时，戈林出来夸了海口：他说要用他的空军把英国飞机赶出天空，让英国军舰像鸭子一样围着英伦三岛团团转，单凭他的空军即可征服英国。

自敦刻尔克撤退以来，英国确实元气大伤。虽然从法国撤回了远征军，却丢失了全部重武器，海岸警备仰赖几个不像样的步兵旅。自 1640 年革命以来，英国头一次面临强敌入侵的威胁。这时，丘吉尔接替张伯伦出任首相，他出身于一个显赫的贵族家庭，熟谙历史，精通政略，意志坚定，精力充沛，自30年代以来，一直反对对德绥靖，是全世界瞩目的政界风云人物。1940年5月13日，德国坦克刚刚出现在阿登山口时，丘吉尔在下院发表就职演说，表示要把热血、眼泪、辛劳和汗水贡献给英国人民。当希特勒向他伸出橄榄枝时，他用一个著名的“不”字作答。空战期间，他常常到硝烟弥漫、遍地弹痕的伦敦街头踏访，打着“V”字手势（victory，表示胜利）鼓舞无家可归的人们。正是这位不屈服首相，领导英国人民，与希特勒德国展开了一场殊死搏斗。

戈林集结了德国空军主力3个航空队的2600多架飞机，其中战斗机和轰炸机各约一半。这些飞机除从法国基地起飞外，还可以从挪威出击。英国空军只有700架战斗机和500架轰炸机，德国空军占有2∶1的优势。不过，英国战斗机性能优越，加上处于守势，机场就近，巡航时间短，升空作战时间相对较大，飞机使用率比德国高。英国还掌握了先进的雷达技术，不待德机靠近，即可预先侦知德国机群的航向、速度和高度，指导英国飞机出击。更重要的是，英国人民是为保卫祖国而战、斗志高昂。

基本小知识

敦刻尔克大撤退

敦刻尔克大撤退是1940年5月，英法联军防线在德国机械化部队快速攻势下崩溃之后，英军在敦刻尔克这个位于法国东北部靠近比利时边境的港口城市进行的当时历史上最大规模的军事撤退行动。虽然这次大规模的撤退行动成功地挽救大量的人力，可是英国派驻法国的远征军的所有重型装备都丢弃在欧洲大陆上。

空战分为三个阶段。第一阶段开始于7月10日，历时一个月。德国的目标是赶走英吉利海峡的英国海军，诱歼英国空军，为登陆创造条件。这一时期，德国空军整天在海峡上空耀武扬威，英国空军没有落入圈套，每次瞅准机会以少量飞机出击，使敌军元气大伤。一个月下来，戈林没有消灭对手，自己却损失了286架飞机。

8月10月，空战进入第二阶段，戈林计划寻歼英国空军，夺取制空权，把攻击目标推进到英国沿海的前线机场、基地和雷达站。8 月 13 日，戈林下令执行“鹰日计划”。这一天，德机出动 1500 架，从 8 月 24 日至 9 月 6 日，德国空军平均每天有 1000 架飞机出击，给英国造成了巨大损失。在英国南部，德机破坏了皇家空军的 5 个机场，6 个扇形站，几乎完全摧毁了英国的通信系统。在那些紧张的日子里，英伦上空整天马达轰鸣、火光闪闪，被击中的飞机，不时拖着粗大的烟柱栽进大海、荒野或者居民点。英勇的英国人民不畏强暴，全民动员，飞行员有时一天起飞达 4 次之多，地勤人员常常因疲劳过度而昏倒在阵地上，妇女儿童主动在屋顶或山冈上，观察天空，向指挥部报告情况。德国空军遇到了不可逾越的屏障，第一个“鹰日”，戈林损失了 47 架飞机。8 月 15 日，损失飞机多达 290 架。8 月 24 日，英国对德国本土发动反击，就在德国空军司令吹嘘说英国飞机进了柏林，他就不姓戈林时，81 架英国轰炸机突破两层高射炮火网，把炸弹丢进了德国首都。

白昼进攻失败后，戈林只得改变战略，开始夜袭伦敦和其他工业城市，打击英国工业生产和抵抗意志，空战进入第三阶段。

不列颠空战被炸毁的房屋

9 月 7 日傍晚，1273 架德国飞机飞到泰晤士河上空，向伦敦的兵工厂、发电厂、煤气厂及仓库和码头投下了成千吨高爆炸弹。以后两个月，伦敦夜夜都有 250 架德国轰炸机光顾，前来制造恐怖和死亡。该城每天都因轰炸死伤成千人，其他一些工业城市也相继遭到毁灭性空袭，飞机生产重地考文垂被炸成废墟，以至戈林发明了一个吓人的名词：“考文垂化”。伦敦人民不惧淫威，越战越强，不断改进防御体系。德机一飞临海峡上空，雷达即引导英国战斗机出击，筑起空中防线，侥幸冲过防线的德机，在气球网中随时会遇到几百门高射炮的惩罚。9 月 16 日，德国又在伦敦上空损失了 185 架飞机。精疲力竭的德国空军，只得在 9 月 16 日以后，停止大规模空袭。

不列颠空战以英国人民的胜利而告终。空战期间，德国航空兵出动飞机 4.6 万架次，在英国投掷了 6 万吨炸弹，英国死亡了 8.6 万人，还有 100 万栋建筑物毁于战火。但是，德国空军也元气大伤，从 8 月 8 日至 10 月 30 日，损失飞机 2375 架，既没有为陆军入侵打开通路，更没有能单独逼英国投降。

知识小链接

戈林简介

戈林（1893 年 1 月 12 日—1946 年 10 月 15 日），纳粹德国空军元帅，纳粹德国帝国元帅，德国纳粹党的二号人物，希特勒指定的接班人，国会纵火案和组建秘密警察盖世太保的元凶。他既是德国法西斯政治、经济与军事的首脑，也是制定奴役劳工计划、镇压残杀犹太人和其他种族的主谋，是二战中的法西斯主犯。在纽伦堡审判中，戈林被控以战争罪和反人类罪并被判处绞刑，但他在执行绞刑前数小时在狱中自杀。

“巴巴罗萨”计划

消灭苏联是希特勒的既定方针。苏德互不侵犯条约签订后，希特勒的侵苏野心没有丝毫变化。签约后不久，他便在一次会议上宣布：“条约只有在对我们有用时，才有遵守的必要。一旦我们在西方腾出手来，我们就可以对俄国作战。”1940 年 6 月，德军击败法国，直下西欧，把英军赶出欧洲大陆。希特勒认为，他已从西方腾出手来，可以考虑对苏作战了。7 月 21 日，他要求陆军司令为此做准备。月底，在伯格霍夫会议上，正式下令制订对苏作战计划。

接下来，德军参谋部连续制订了几个计划，不过，都停留在设想阶段，未付诸实战部署，因为对英作战正在进行，希特勒打算实行“海狮”计划，9 月份登陆英伦。随着不列颠空战失败，“海狮”行动被无限期推迟，希特勒最后转向东方，决心移师消灭苏联。他认为：“要打败英国，少不得扩展海空军，也就是要削弱陆军，但俄国依然是个威胁，就万万不能削减陆军。”他还认为丘吉尔之所以不投降，是因为对苏联还抱有希望。这样，侵苏既是执行其既定目标，又是打开对英战争僵局的出路所在。于是，对苏作战部署开始进入实战阶段。1940 年 12 月 18 日，希特勒发布第二十一号训令，批准对苏作战计划，规定代号为“巴巴罗萨”。

拓展阅读

“巴巴罗萨”计划名称的由来

腓特烈一世（1123—1190），神圣罗马帝国皇帝，他绰号为红胡子，在意大利语中，红胡子的译音为巴巴多萨。因此，他也常被称为巴巴多萨。他是希特勒最崇拜的人物，希特勒将他入侵苏联的计划定名为“巴巴罗萨”计划。

“巴巴罗萨”计划是以歼灭战略为基础的。计划规定：使用装甲兵、摩托化兵和航空兵的庞大兵力，从西北、西南和正西三个方向实施强大突击，分割围歼苏军主力，而后向苏联腹地长驱直入，进抵阿尔汗格尔斯克、阿斯特拉罕一线，在 6 个星期到 2 个月内结束对苏战争。计划的核心在于一开始集中优势兵力，突然性以及速战速决。为此，德国在政治、经济、军事、外交等方面进行了周密准备。

和对法作战的 1940 年相比，1941 年，德国军费增加了 220 亿马克，军队新编了 58 个作战师，补充了 4000 架飞机、2000 辆坦克。1940 年 8 月，德国参谋部下达“重建东方”密令，开始向东线调集大军，沿苏联西界大量修筑战略公路、铁路、桥梁和屯兵点。年底，又举行大规模军事演习，检查“巴巴罗萨”计划的准备情况。数以百计的情报人员被派往苏联，刺探苏联的人力、物力、资源和国防设施的情报。同时，为了迷惑苏联，德国宣传机器越来越凶地攻击英国，而对苏联则大献殷勤。德国还继续在英吉利海峡集结船只，在海岸修筑假火箭发射场，举行一系列登陆演习，甚至煞有介事地给作战部队配备地图和英语翻译。苏联驻德大使还被友好地告知：德军东调是一年一度的换防，是用新兵接替老兵。在外交上，希特勒还以威胁利诱为手段，先后把芬兰、匈牙利、罗马尼亚、斯洛伐克和保加利亚拉上贼船，拼凑成反苏同盟。

德军炮轰苏军前沿阵地

从1940年7月到1941年6月，一年之内，德国先后向东线调集了157个师，到6月21日，即进攻的前一天，德国及其仆从国军队共166个师全部进入出发阵地。按“巴巴罗萨”计划部署的作战部队总兵力为550万人，包括4300辆坦克、4.7万门大炮、5000架飞机。在谈到这个计划时，希特勒神气地宣称：“只要‘巴巴罗萨’计划一开始实施，全世界将大惊失色，难置一言。”

1941年6月22日清晨5时30分，德国大使舒伦堡向苏联政府递交了战书。而在这以前一小时，德军已按“巴巴罗萨”计划，对苏联发动了战争史上最大规模的突袭。德军几万门大炮突然开火，猛轰苏军前沿工事、哨所，几千架飞机跟着越过边界，对苏军前线机场、交通枢纽和通讯设施狂轰滥炸。随后，坦克和摩托化步兵潮水般冲过边界，在黑海和波罗的海之间几千千米地域内，全线突破苏军防线。第一日日终，苏军损失飞机1800余架；开战头三个星期，有109个红军师被消灭。到年底，红军损失了700万兵员，1.8万辆坦克，被迫东撤800—1200千米。德军在南路夺取了基辅，北路包围了列宁格勒，中路直逼莫斯科城下，取得了惊人的胜利。

“巴巴罗萨”行动确实令全世界为之震惊。但是，希特勒还是未能实现其战略目标。苏联国土辽阔、气候奇寒、人口众多而且顽强勇敢。希特勒无法在一次战局中征服苏联。1941 年底，红军丢了几百万大军，但是，德国那些精疲力竭的将军还是惊奇地发现，又有几百万新部队拦在德寇前面。苏联人民在斯大林领导下，同仇敌忾，不甘失败，莫斯科一战，歼敌 50 万，扭转了战局。希特勒甚至没有能像拿破仑那样进入莫斯科即开始败退，一战而下苏联的迷梦成为泡影。

拓展阅读

拿破仑惨败俄国

1812 年 5 月，拿破仑率领 57 万大军远征俄国。虽然法军一路取得胜利，但是伤亡极其惨重。9 月 16 日，拿破仑进入莫斯科，未料到迎接他的却是莫斯科全城的大火。俄国的寒冬，俄罗斯人民坚决不投降令拿破仑也畏惧了，不得不撤退。法军不是战死就是冻死，最后回到法国的只有不到 3 万人。法兰西第一帝国元气大伤。

偷袭珍珠港

1941 年 12 月 7 日，星期日的早晨，在美国太平洋舰队所在地的夏威夷珍珠港，阳光灿烂，海面平静。舰艇像往常一样，整齐地停泊在港内，飞机也密密麻麻排在瓦胡岛的 7 个机场上。官兵们有的正在吃早饭，有的已经上岸度假去了。太平洋舰队司令海军上将金梅尔正准备换上运动服，到高尔夫球场去同夏威夷地面部队司令肖特中将切磋球技。

突然，随着一阵飞机轰鸣，炸弹从天而降。刹那间，浓烟滚滚，烈火熊熊，爆炸声、警报声一齐响起。珍珠港立刻成了一片火海。就是这样，有人还以为这是“演习”呢。其实，这是日本特遣舰队派出的第一批突击队驾驶

183 架飞机偷袭珍珠港。突击队指挥官渊田美津海军中佐发出了奇袭成功的预定信号。坐镇在万里之外的广岛“长门”号旗舰上的日本联合舰队司令、日本海军大将山本五十六及时收到了这个信号，洋洋自得，兴奋得脸都红了。

使用飞机偷袭珍珠港，是山本五十六早在 10 年前就确定的对美作战计划的一部分。美国太平洋舰队是日本军国主义南进太平洋的最大障碍。

偷袭珍珠港

1941 年 6 月 22 日，德国法西斯对苏联发动了进攻，苏德战争爆发了。东方的日本也急不可待地想扩大侵略战果。在这年 7 月，日军占据了印度支那南部。这样，它和美国的矛盾加深了，关系急剧变化。日本首相东条英机决定立即准备和美国开战。

知识小链接

山本五十六简介

日本海军军官，第二十六及二十七任日本联合舰队司令长官。号称太平洋之鹫，大胆的赌徒，航空制胜论的过渡性人物。策划了偷袭珍珠港的著名战役，发动太平洋战争。战死时为海军大将军衔，死后被追赠元帅称号。

为了进行这场偷袭，日本方面做了充分准备，并有意迷惑美方。在事件发生以前，日本还派了特使到华盛顿去谈判，要求和平解决两国争端。同时，偷袭珍珠港的特遣舰队也出发了。这支舰队拥有 6 艘航空母舰（当时日本一共只有 10 艘），载着 423 架飞机，由 2 艘战列舰、3 艘巡洋舰、9 艘驱逐舰和 3 艘潜艇护航。另外还有 27 艘潜艇（其中有 5 艘还带有袖珍潜艇），早就先行一步了。这支特遣舰队在 11 月 26 日就秘密离开日本，沿着严寒多雾的北方航线，隐蔽前进，偷偷摸摸在海上航行了 12 天，居然没有被发现，而在离瓦胡岛以北 230 英里处，攻击的飞机才从母舰上起飞，扑向珍珠港。

第一批日机离去，第二批 171 架又来狂轰滥炸。潜入港内的舰艇也发射鱼雷攻击美舰。偷袭一共 95 分钟，美军损失了 40 多艘舰艇，飞机 300 架，死伤 3500 多人。美国太平洋舰队除航空母舰出港外，几乎全军覆没。

美军的麻痹大意，也帮了日本人的大忙。12 月 7 日早晨 6 时 30 分，美国供应船“安泰勒斯”号拖着驳船驶向珍珠港。船长发现了潜艇，并且通知了正在巡逻的驱逐舰把它击沉了。可是这个击沉潜艇的报告层层转上去，到了金梅尔上将那里，他根本不相信这是真的进攻，因为发现潜艇的事太多了。所以，听惯呼喊“狼来了”的金梅尔上将，在这关键的时刻，没有引起警觉。

再说那天清晨 4 时，设在瓦胡岛北端卡胡库角的雷达站，是士兵洛卡德和埃利奥特在值班。老兵洛卡德正在教埃利奥特识读雷达屏。7 时早班结束的时候，洛卡德正想关掉雷达下班，雷达屏上突然出现了奇特的映象。起初，他还以为机器出了毛病，可是复校之后断定仪器正常。7 时 2 分，雷达显示的飞机机群很大，埃利奥特主张用电话向情报中心报告，可是洛卡德不同意，说下班的时间到了。而埃利奥特则坚持说应该报告，两个人争论七八分钟，而此时雷达屏上显示的机群，距离珍珠港只有 20—50 海

你知道吗

美国唯一蝉联四届的总统是谁

富兰克林·德兰诺·罗斯福（1882 年 1 月 30 日—1945 年 4 月 12 日）美国第 32 任总统（1933 年 3 月 4 日—1937 年 1 月 20 日，1937 年 1 月 20 日—1941 年 1 月 20 日，1941 年 1 月 20 日—1945 年 1 月 20 日，1945 年 1 月 20 日—1945 年 4 月 12 日）美国历史上唯一蝉联四届（第四届未任满）的总统。罗斯福在 20 世纪的经济大萧条和第二次世界大战中扮演了重要的角色。被学者评为是美国最伟大的三位总统之一，同华盛顿和林肯齐名。

里了。

情报军官泰勒接到雷达站的电活，也根本没想到那是一大群敌机，他还以为那是从自己航空母舰起飞的美国飞机呢。因为那天清晨他去情报中心的路上，听到夏威夷电台的音乐。他记得一位轰炸机的驾驶员朋友告诉他，每当他们从美国本土飞向夏威夷时，那里的电台都播送音乐，用电波来导航。

日本飞机能准确地轰炸珍珠港，重创美国海军太平洋舰队，和一个日本间谍的活动是分不开的。这个间谍叫吉川猛夫，化名为森村正。他伪装成日本驻檀香山总领事馆外交官。就是他，日本海军情报部主管美国的第五科的少尉，早在 1941 年 5 月，就到了檀香山，住进了由日本女人藤原波子开设的春湖饭店。这是一家坐落在山头，俯瞰珍珠港的豪华饭馆。波子老板告诉吉川说，她手下有 5 个从日本带来的、训练有素的艺妓，可供他消遣。从此，吉川常常带着漂亮的艺妓，或是乘小飞机，或是坐小汽车到处兜风，把美国太平洋舰队基地的全部情况搞得一清二楚，为山本五十六偷袭珍珠港计划提供了准确的情报。

珍珠港事件发生后的第二天，美国总统罗斯福要求国会宣布，美国与日本处于战争状态，太平洋战争全面爆发了。

斯大林格勒战役

1941 年 6 月 22 日，德国法西斯撕毁了《苏德互不侵犯条约》，对苏联发动了突然袭击。苏联人民在斯大林领导下开始了伟大的卫国战争。

一开始，德军来势凶猛，很快占领了乌克兰和白俄罗斯等地区。但是在苏联军队的英勇反击下，他们进攻势头逐渐减弱了。希特勒要在 3 个月内消灭苏联的计划破产了。他又决定重点进攻莫斯科。在斯大林亲自指挥下，莫斯科的军民经过 40 天的浴血奋战，歼灭了大批德军，取得了胜利，打败了德军“不可战胜”的神话。从此，苏军开始了反攻，收复了大片土地。而德军节节败退，只能防御了。

斯大林像

希特勒气急败坏，决心孤注一掷，全力进攻斯大林格勒（现在的伏尔加格勒）。

斯大林格勒位于伏尔加河下游西岸，原名察里津，是苏联内河航运干线——伏尔加河的重要港口，又是苏联南方铁路交通的枢纽和重要工业城市，战前居民约60万人。斯大林格勒以西以南地区是苏联粮食、石油和煤炭的重要产区，这是德国当时急着要得到的物资。对苏联来说，在乌克兰被德军占领以后，斯大林格勒是中央地区通往南方经济区域唯一的交通咽喉，关系到莫斯科的安全。既然斯大林格勒对双方都是至关重要的，那么，这场战役有多么残酷就可想而知了。

从1942年7月中旬开始，德军相继投入了150万大军，向斯大林格勒展开猛攻。希特勒甚至定下了7月25日以前攻占斯大林格勒的计划。

德军集中了将近40个师的精锐部队，每天出动上千架次的飞机，把100多万颗炸弹投向这座城市，城市的建筑几乎全部被毁。但是，在斯大林“不让敌人前进一步，用一切力量消灭敌人”的号召下，苏联军民誓死抵抗，人人手执武器在废墟中和

拓展阅读

莫斯科保卫战

莫斯科保卫战是1941年10月至1942年1月期间，苏联军队保卫其首都莫斯科及其后反攻德军的战役。莫斯科保卫战包括苏军为保卫莫斯科并粉碎向莫斯科进攻的德军“中央”集团军群和各突击集团而实施的一系列防御战役和进攻战役。莫斯科保卫战打破了希特勒吹嘘德军天下无敌的神话，是德国东线走向灭亡的开始。

冲进市区的德军展开搏斗。前面的倒下了，后面的冲上来。为了打败法西斯，他们付出了重大牺牲。尤其是青少年们，他们怀着对敌人的刻骨仇恨投入战斗。在激烈残酷战斗的日日夜夜里，这里没有前线和后方的界线。在这里作战的部队中有16万多名党员和24万多名共青团员。在78名共青团区委书记中，有47名成为前线的战士。共青团培训了7.5万名姑娘，使她们成为高射炮手、无线电兵、卫生员和护士。有一名护士为了保护隐藏在战壕里的伤员，端起机枪消灭了30多个德寇，自己身负重伤，仍坚持到自己部队赶到。少先队员米沙·罗曼诺夫和他的父亲也参加了游击队。在一次敌我力量悬殊的战斗中，英勇的游击队员都倒下了，只剩下米沙一个人。他没有丝毫的畏惧，继续向敌人射击，直到被德寇团团围住，中弹牺牲。

这个战役从它的外围防御战，到近郊的防御战，到市区的争夺战，尽管德军以优势的兵力和陆空强大的攻势节节进逼，但是苏联军民发扬高度爱国主义精神，誓死保卫斯大林格勒，始终没有让德国法西斯占领这个英雄的城市。而德军久战不胜，已经士气低落。加上严寒和饥饿的威胁，很多人被冻死，战斗力大大减弱。战争形势开始发生了重大变化。

11月19日，苏联红军经过殊死战斗，终于迎来了激动人心的时刻。在朱可夫的指挥下，苏联红军集结了斯大林格勒方面军、顿河方面军、沃罗涅日方面军100多万优势兵力，对德军开始了大反攻。只用了5天，就迅速突破了德军防线，把33万德军团团包围起来。

你知道吗

斯大林格勒会战中的苏军指挥官是谁

1942年8月，朱可夫被任命为副最高统帅，赶赴斯大林格勒前线督战。朱可夫，苏联军事家、政治家，苏联元帅，因其在苏德战场上的卓越功勋，被认为是第二次世界大战中最优秀的将领之一，也因此成为仅有的四次荣膺苏联英雄称号的两人之一。

而在这时候，不可一世的希特勒竟带着高级将领们到阿尔卑斯山上观赏雪景去了。当他回到大本营的时候，已是红军反攻的第四天。当晚，进攻斯大林格勒的德军第六军团司令保罗斯拍来电报，说德军20个师全被包围了。但是希特勒不准他们突围撤退。

希特勒在得知德军阵地即将被攻破的时候，又急忙发电报提升保罗斯为陆军元帅，110名军官也各升一级。这显然是希望这种恩典能加强德军将士“光荣殉职”的决心。

然而，这批德军军官并没有这个决心。2月2日，斯大林格勒大会战胜利结束了。约10万名德军官兵，其中包括保罗斯在内的24名高级将领，在冰雪途中一步一拐地走向寒冷的西伯利亚战俘营。这批战俘饥肠辘辘、身患冻伤，大部分还负有弹伤。他们个个神情颓丧，抓紧裹在头上满是血污的毛毯，来抵挡零下24℃的严寒。

斯大林格勒战役是第二次世界大战的伟大转折。从此，苏联红军开始大反攻，陆续收复了失地，并最先攻入德国本土。德国法西斯则步步后退，走向下坡路。苏联人民和军队是抗击德国法西斯侵略的主力军。

德黑兰会议

德国法西斯进攻苏联和日本偷袭珍珠港以后，英、美两国同苏联结成了反法西斯同盟，共同对德国作战。1942年1月1日，中、苏、美、英等26个国家在华盛顿发表了《联合国家宣言》，表示要全力对抗德、意、日法西斯。这样，国际反法西斯统一战线就形成了。

当斯大林格勒会战取得伟大胜利以后，如何协调行动，共同作战就成了同盟国和盟军十分迫切的问题。1943年11月下旬，美国总统罗斯福、英国首相丘吉尔和苏联领导人斯大林来到了伊朗首都德黑兰，共同商量对德作战的军事问题。这是他们之间举行的第一次会晤。

1942年11月28日，天气晴朗，阳光灿烂，气候温和。下午3点钟，在正式开会前一小时，斯大林身着苏联大元帅的卡其制服，胸前佩戴列宁勋章，从苏联人的住地，走到美国人住的别墅来拜会罗斯福。罗斯福在1933年当选美国总统，因为在整顿美国经济上有过很大作为，竟破例地连任了四届总统(美国总统一般只连任两届)。他患过小儿麻痹症，走路不方便。这时候，他穿了一套蓝色便服坐在轮椅上，对斯大林说："见到你很高兴，我早就想同你见面了。"斯大林也微笑着回答说："我也很希望会见你。"

下午4时，三国领导人会议正式开始了。罗斯福主持了第一次会议，他首先致词说：俄国人、英国人和美国人第一次作为家庭的成员相聚一堂。我们所抱的唯一目标，是赢得战争的胜利。希望自由讨论，畅所欲言。丘吉尔接着说：这次会议也许象征着人类有史以来，整个世界力量空前的大聚会，人类的幸福及命运已完全掌握在我们手中。斯大林也说，美、英、苏三大国的友谊是非常重要的，希望大家很好利用这个机会。在第二次会议以前，丘吉尔奉英国国王之命，向斯大林赠授了为纪念光荣的斯大林格勒保卫战而特别设计铸造的宝剑。斯大林把宝剑举到唇边，轻吻剑鞘，然后把宝剑交给身旁的伏罗希洛夫元帅，再由他交给苏联的仪仗队捧出去。这些言辞和举动都为会议创造了友好的气氛。

但是，当讨论到具体问题的时候，他们就发生了分歧。这次会议主要是研究如何打败德国法西斯，早日结束战争问题。更具体地说，就是如何尽快开辟欧洲第二战场。当时，苏联是抗击德军的主要力量，迫切需要美、英在欧洲西部开辟另一条战线，牵制德军，减轻苏军的压力，以缩短战争时间。斯大林早在1941年就几次要求英国开辟第二战场，却遭到了丘吉尔的拒绝。后来美国和英国国内也掀起了要求开辟第二战场的声浪，两国才制订了代号是"霸王"的战役计划，准备在1944年从法国诺曼底登陆。

现在，德黑兰会议讨论到这个问题，丘吉尔却又把他早就提出的"地中海战略"的主张拿出来，主张英、美从地中海进攻意大利，再往巴尔干进军。

斯大林反驳丘吉尔说："进行地中海战役对打败德军意义不大，巴尔干离德国心脏太远。所以，还是尽快进行'霸王'战役好。"

丘吉尔思索了一阵，又提出两路并进的办法，实际上还是想把巴尔干作为主要战场。

这时候，连罗斯福也觉察出丘吉尔的用心了。他知道丘吉尔是想从巴尔干打进中欧，不让苏联红军进入奥地利、罗马尼亚和匈牙利。罗斯福并不同意丘吉尔的意见。他说："如果在地中海登陆作战，就会把战役推迟两三个月，我是不想推迟'霸王'战役的。"

经过反复争论，最后三国达成了一致协议。在 1944 年 5 月，英、美将实行"霸王"战役并进攻法国的南部。斯大林也答应同时发动攻势，阻止东线德军西调。苏联还准备在打败德军后，对日本宣战。

知识小链接

丘吉尔简介

温斯顿·丘吉尔，政治家、画家、演说家、作家以及记者，1953 年诺贝尔文学奖得主（获奖作品《第二次世界大战回忆录》），曾于 1940—1945 年及 1951—1955 年期间两度任英国首相，被认为是 20 世纪最重要的政治领袖之一，带领英国获得第二次世界大战的胜利。

诺曼底登陆

1944 年 6 月 6 日凌晨，美国和英国的 2390 架运输机和 846 架滑翔机，从英国 20 个机场起飞，载着 3 个伞兵空降师向南疾飞，准备在法国诺曼底海岸后边的重要地区着陆。这就是著名的"诺曼底登陆"的开始。

黎明时分，英国皇家空军的 1136 架飞机对事先选定的德军海岸的炮垒，投下了 5853 吨炸弹。天亮以后，美国第八航空队又出动了 1083 架轰炸机，在部队登陆的前半个小时，对德军海岸防御工事投下了 1763 吨炸弹。接着，盟军各种飞机同时出动，轰炸海岸目标和内陆的炮兵阵地。5 点 50 分，太阳已经升起来了，盟军的海军战舰开始猛轰沿海敌军阵地。诺曼底海滩成了一片火海，地动山摇。

进攻部队由运输舰送到离岸 7—11 英里的海面，然后改乘大小登陆艇按时到达预定攻击的滩头。跟在后面的是运载重武器和装备的大型登陆艇。

盟军选择的登陆地点诺曼底海滩，位于法国的西北部，从东到西有 5 个滩头——剑滩、朱诺滩、金滩、奥马哈滩和犹他滩，全长约 50 英里。登陆计划第一批进攻部队是 5 个师，每个师占领一个滩头。

6 点 30 分，美军开始在奥马哈滩和犹他滩登陆。美军第七军第四师在犹他滩没费多大劲儿就登上海岸了，只遇到断断续续的炮击。3 个小时内，他们就肃清了守卫这个地区的敌人，后续部队和装备也源源运到岸上。但在奥马哈滩，美军第七军第一师的情况并不妙。大浪，晨雾，加上硝烟弥漫和侧面的气流，把部队折腾得精疲力竭，登陆时又遭到敌军炮火的袭击。一时间，死伤的士兵布满了海滩。而下一批进攻的部队也遭到同样的不幸。在这危急关头，美军两个突击营用绳梯爬上了海岸上的悬崖峭壁，夺取并摧毁了敌人的一座炮台。但是敌人继续猛烈射击，把美军阻挡在海滩边上。美军第一步兵师长许布纳当机立断，要求海上的驱逐舰冒着可能杀伤自己人的危险，向德军炮群和火力点进行近距离的轰击。驱逐舰的大炮果然发挥了巨大的威力，不一会儿，工事里的德军就举手投降了。经过美军第一师的艰苦血战，终于占领了一条纵深不到两英里的滩头阵地。

英国第二军团的第五十师于 7 点 20 分开始在金滩登陆。他们开始遇到一些困难，但逐渐摧毁了德军的抵抗。到黄昏时，他们进入了内地 5 英里。

在朱诺滩，加拿大的第三师在肃清滩头的德军之后，进展最快，当晚就到达了冈城——贝叶公路。

英国第三师在剑滩上也遇到激烈的抵抗。黄昏时，他们就同空降的第六伞兵师会合了。

当天傍晚，盟军已在欧洲大陆建立了牢固的立足点。伤亡人数比预计的要少。有将近 10 个师的部队连同坦克、大炮及其他武器都上了岸，后续部队也源源而来，不断扩大盟军对德国守军的优势。盟军的诺曼底登陆成功了。

希特勒吹嘘他的长达 2500 英里的“大西洋壁垒”防御工事为什么不堪一击呢？原来每年 6 月，英吉利海峡总是狂风大作、恶浪滔天，舰只行驶艰难。德军在西线的大部分将军都认为在这个气候恶劣的 6 月里，盟军是不会发动进攻的。6日凌晨2点左右，驻守在巴黎的德军总司令部接到报告说，有美、英空降师着陆，看来像是一次“大规模行动”。但总司令龙德施泰特却认为这是盟军声东击西的手法，并不在意。接着，西线德国海军部队又向总司令部报告说：据海岸雷达报告，荧光屏上有大量黑点，一支庞大的舰队正向诺曼底海岸进发。而德国西线的参谋长却回答：“什么？在这样的天气里一定是你们的技术员弄错了！也许是一群海鸥吧？”后来，当他终于看到形势不好，请求希特勒出动两个装甲师去对付盟军空降师时，希特勒却禁止动用他的这支战略预备队。希特勒还是坚持认为这只是牵制性的佯攻，认为盟军一定会在加来地区登陆。

基本小知识

大西洋壁垒

早在1941年12月，即德军在莫斯科城下开始遭到失败的时候，希特勒就担心盟军可能在西欧登陆，下令从挪威到西班牙沿岸构筑一道防线，由相互支援的坚固支撑点组成，称为“大西洋壁垒”。在隆美尔的督促下，德军在海滩高低潮水线下设置了铁（木）桩、混凝土多角体等障碍物，在靠近海岸线的前沿阵地上布设了地雷带，在海岸纵深的开阔地带竖立了防滑翔机木桩。但是由于时间短促，隆美尔的防御设施建设计划远没完成。

希特勒中了盟军总部的疑兵之计了。在诺曼底登陆以前，盟军伪装集结了一支舰队，发出大量电讯，造成假象，好像盟军总部设在英国的肯特郡；又让以勇猛著称的美国巴顿将军在肯特郡街头散步，而德国情报人员断定他是盟军总司令。在进攻前夕，英国飞机又撒下大量的锡箔片，使德军的海岸雷达上显示出，好像盟军的一支舰队向东驶去，开往加来。

为了严格保密，整个英国南部已同英国其他地区断绝了一切交通，成了一个大兵营，盟军为“霸王行动”在这里塞满了堆积如山的军事装备和物资。为了防止泄密，英国政府还中止了英国同外国的一切外交关系，撤销了沿岸的正常航运，把所有船只用于“霸王行动”的运输，使得美国艾森豪威尔将军在调动集结军队上，没有任何妨碍。英国政府在这个地区设置了警戒线，

登陆中的盟军士兵

任何人未经许可都不得穿过警戒线。每一座帐篷，兵营，停车场和每一支部队，都仔细地标志在行动的指示图上。每一支部队的预定行动都做了准确的安排。这支在诺曼底登陆的军队是庞大的，拥有盟军陆海空三军 287 万多人，战舰 6000 多艘，飞机 1.3 万多架。这么大的军事行动的准备工作，德军竟丝毫不知。

为诺曼底登陆进行的准备工作是巨大而复杂的。改进了许许多多的装甲车，有供清理海滩的压路机，有在布雷区开道的装有扫雷器的装甲车，有供跨过沟渠的装甲便桥等，甚至还制造了两座人工港口，以便登陆部队卸下装备物资之用。对于进攻目标的地形侦察，早在一年之前就开始用飞机拍摄从荷兰到西班牙的海岸线，特别是从 1944 年 4 月到 6 月，共出动飞机侦察 4500 架次。此外，还有法国地下抵抗组织提供的数以千计的情报。这样，德军在欧陆沿海的防御工事、桥梁、机场、沼泽地区、仓库、公路、火车站等等，都被盟军弄得一清二楚。每一个登陆部队负责人带着的作战计划上，连树木都标了出来。

到 6 月 12 日，盟军在诺曼底的几个滩头已经连结成一条阵线，后续部队源源而来，军需物资不断增加，这些，都保证了诺曼底登陆的成功。8 月 19 日，盟军占领了塞纳河西岸的芒特。这一天，巴黎人民举行武装起义，解放了自己的首都。8 月 25 日，艾森豪威尔指挥的法国第二装甲师从巴黎南门和西门进入市中心。当天下午，法国勒克莱将军奉命接受德军投降。

巴黎的解放是诺曼底战役的结束。德军有 40 多万人伤亡和被俘。德国再次被迫两线作战，陷入了苏联和美、英盟军东西夹击的铁钳之中，灭亡的日子已经为期不远了。

知识小链接

艾森豪威尔简介

艾森豪威尔（1890年10月14日—1969年3月28日）。在美军历史上，艾森豪威尔是一个充满戏剧性的传奇人物。他曾获得很多个第一。美军共授予10名五星上将，他是晋升得“第一快”；他出身“第一穷”；他是美军统率最大战役行动的第一人；他是第一个担任北大西洋公约组织盟军最高统帅；他是美军退役高级将领担任哥伦比亚大学校长的第一人；他是美国到目前为止唯一的一个当上总统的五星上将。

攻克柏林

1944年11月6日，斯大林在莫斯科庆祝十月革命27周年的大会上，以坚定豪迈的声音宣布：苏联将与盟国一起完成粉碎德国法西斯军队的事业，“把法西斯野兽打死在它自己的洞里，在柏林城上升起胜利的旗帜”。为了完成这一历史性任务，1945年元月，苏军冒着冰雪严寒，在从波罗的海岸到喀尔巴阡山的1200千米战线上，同时出动150个师，猛攻德军，歼灭了柏林方向的德军重兵集团，并占领了维也纳，从东面和南面包围了柏林，距柏林最近距离只有60千米。在西线，英美盟军出动85个师，合围了鲁尔德军集团，进抵易北河，也向着柏林方向进逼。

在纳粹的末日即将来临之时，1945年4月12日，美国总统罗斯福病逝。消息传到柏林，希特勒、戈林等人一时欣喜若狂。他们幻想历史的转折点已经到来，认为这是上帝要拯救第三帝国。面临崩溃的希特勒集团一方面在军事上实行“东拚西让”的方针，把214个师及14个旅的兵力用于东线，固守柏林，只用59个师的兵力对付西线英美盟军；另一方面通过各种途径，向美英伸出单独媾和的触角，企图以此来挑起苏联与美英之间的冲突。

进攻中的苏军坦克

苏军最高统帅部为了迫使德国无条件投降，尽快结束欧洲战争，决定从4月中旬开始实施攻克柏林战役。苏军集中了朱可夫、利涅夫、罗科索夫分别指挥的三个方面军总共162个步兵师和骑兵师，21个坦克军和机械化军，4个空军集团军，约250万人的兵力，配备大炮4万多门，坦克6000多辆，7500架作战飞机的强大兵力。

1945年4月16日凌晨，苏军在柏林正东的奥得河地段发起闪电般袭击，一举突破德军第一道防线，经过四昼夜的激战，突破德军三道防线，于19日攻占了奥得河畔被称为“柏林之锁”的泽劳弗高地，打开了直接攻击柏林的大门。

基本小知识

集团军

集团军是由若干个师、旅编成的军队一级组织。一般隶属于军区或方面军。设有领导机关，编有由步兵、装甲兵、炮兵、防空兵、工程兵、通信兵、防化兵、电子对抗兵、陆军航空兵等兵种或专业兵组成的战斗部队和勤务保障部队。19世纪初，出现在世界军事舞台。第二次世界大战，使集团军这一基本战役军团的编组和作战更加趋于成熟和完善。

4月20日苏军开始炮击柏林，21日第二批红军战士冲进了柏林市区。大批的法西斯分子有如沉船时的老鼠，纷纷逃离柏林。纳粹党的第二号人物戈林，带着一队满载金银财宝的汽车队逃走了，希特勒的外交部长里宾特洛甫和党卫队头子希姆莱也溜走了。4月25日苏军攻占了柏林西郊的波茨坦，完成了对柏林的包围。柏林同外界的联系全部被切断。同一天，进抵柏林西南边易北河岸的苏军，同英美盟军胜利会师。

4 月 26 日，合围柏林的苏军展开了强攻柏林市城区的激烈战斗。29 日德军被分割成三个孤立的部分，希特勒狗急跳墙，下令放水淹没了柏林市的地下铁道。淹死了在地铁中避难的成千上万的妇女、儿童和伤员。就在这一天，苏军打响了夺取国会大厦的战斗，经过逐层逐屋的争夺之后，4 月 30 日下午，苏军红旗插上了国会大厦的顶端。5 月 2 日，德军完全停止了抵抗，柏林城防司令魏德林率残部投降。

攻克柏林

在苏军开始夺占国会大厦的当天，绝望的希特勒写下遗嘱，指定海军元帅邓尼茨继任政府首脑兼任武装部队总司令。4 月 30 日下午，希特勒在总理府地下室自杀身亡。骄横狂妄、凶残暴戾、恶贯满盈，妄图称霸欧洲和世界的法西斯元凶终于结束了可耻的一生而遗臭万年。5 月 1 日，汉堡广播电台广播了希特勒自杀和邓尼茨继任的消息。

柏林战役是欧洲战场最后一次重大战役，苏军攻克柏林，欧战已近尾声。5 月 4 日—5 日，德国最高统帅部下令西线和南部意奥边境的德军全部向英美盟军投降。7 日，邓尼茨政府的代表在垦姆斯城的美英盟军司令部里向美英签署了投降书。5 月 8 日午夜至 5 月 9 日零点 50 分，在柏林城郊卡尔斯霍斯特苏军司令部重新举行了投降书的签字仪式。凯特尔等 3 名纳粹高级将领，由邓尼茨授权代表德军最高统帅部，在苏美英法四国代表面前签署了正式的无条件投降书。

苏联人民、欧洲各国人民经过艰苦卓绝、可歌可泣的战斗历程，终于赢得反对希特勒德国法西斯的胜利。

知识小链接

邓尼茨简介

邓尼茨（1891—1980），第二次世界大战期间德国的著名军事将领。曾任潜艇部队司令、海军总司令、第三帝国国家元首、武装部队统帅、德国海军元帅，是德意志民族国家社会党党员，希特勒死后接任德国国家元首，是二战结束后受审的主要纳粹战犯之一。

波茨坦会议

1945 年 5 月 8 日，德国法西斯投降，欧洲战争已告结束。世界人民反法西斯战争的重心，开始向东转移，数百万盟军源源东调，日本帝国主义的最后崩溃已指日可待。在这种形势下，如何分享战争的胜利果实，如何维护战后世界和平，成了几个大国特别关注的问题。随着反法西斯战争最后胜利的到来，共同敌人的逐渐消失，盟国之间的分歧日益增大。国际反法西斯联盟内部的团结与合作已呈现出瓦解的趋势。为了处理德国和解决欧洲及其一些问题，1945 年 7 月 17 日至 8 月 2 日，苏美英三国政府首脑在柏林近郊的波茨坦举行会议。这是战时三国首脑举行的第三次会晤，也是最后一次会议。

会议开幕前一天，美国试验爆炸了第一颗原子弹，企图以此抬高身价，增加与苏联讨价还价的资本。斯大林不为所动，苏联凭借在反法西斯战争中的卓越贡献和在世界人民中的威望，取得了处理欧洲问题的优越地位。经过十多天的明争暗斗、反复争论与协商，三国首脑仍对一些主要问题达成了某种妥协，签订了《柏林会议议定书》，为战后处理德国和欧洲问题定下了基调。

关于对德国管制的基本原则，会议明确规定应使德国非军国主义化、民

波茨坦会议三巨头：斯大林、杜鲁门、丘吉尔

主化和肃清纳粹主义。解除德国的全部武装，铲除一切纳粹组织，惩治战犯，在德国实行地方分权，暂不设中央政府。铲除一切军事工业，消灭垄断组织，防止经济过分集中，重建德国经济，发展民用工业与农业。

关于战争赔偿问题，会议规定苏联从德国索取的赔偿，将从没收德境苏占区资产及德国在国外的相应资产予以满足，苏联还可从西方占领区内获取所迁移的德国工业设备中的25%。英法及其他应获取赔偿的国家的赔偿要求，将从西部各占领区内没收德国的资产及德国在国外相应的资金予以满足。

关于德国东部的边界线问题，规定沿奥得河和尼斯河西段划定，哥尼斯堡（今加里宁格勒）及其附近地区的东普鲁士领土划给苏联。

关于波兰问题，1945 年 6 月已建立了波兰临时民族统一政府。英美与它建立了外交关系，并要求波兰新政府尽决举行普选和准许西方记者采访。苏联要求英美断绝与伦敦波兰流亡政府的关系，帮助波兰新政府接管伦敦波兰流亡政府的一切财产。关于波兰西部疆界的最后划定应待和平会议解决，在此之前，“以前德国之东部领土，即自史温曼德以西的波罗的海，沿奥得河与尼斯河西段合流处，再由西尼斯河西段至捷克斯洛伐克边境，包括经本会议决定不将苏联管辖之一部分东普士领土和以前的但泽自由区域，

波茨坦会议现场

均由波兰政府管辖。”

关于对轴心国意大利及其四个附庸国保、芬、匈、罗的政策问题，三国表示要与德国区别对待，要尽早缔结和约，支持他们参加联合国的要求。

波茨坦会议还讨论了对日作战问题，并通过了《波茨坦公告》，促令日本政府立即宣布无条件投降，重申开罗宣言的条件必将实施，而日本的主权必将限于本州、北海道、九州、四国及所决定的其他小岛之内，日本霸占中国的东北、台湾、澎湖列岛等地要归还中国。这项公告是以中美英三国共同宣言的形式公布的。后来苏联出兵对日作战时，也正式在公告上签字，所以公告最后成为四国的对日共同宣言。

波茨坦会议是三大国首脑在战争期间召开的最长的一次会议，这次会议对于夺取反法西斯战争的最后胜利具有重要意义，会议关于如何消灭法西斯、禁止军国主义复活的规定，关于按民主原则对德国和日本的政治生活进行社会改造的规定，对维护战后欧洲和世界和平起了积极作用。三国对战后欧洲和平的安排问题达成的妥协，确立了战后世界的政治格局。会上三国首脑在一系列国际问题上存在的分歧，反映了美国、英国和苏联的关系开始恶化；随着战争的结束，新的矛盾——东西方大国之间、美苏之间的矛盾，成为战后一段时期内国际斗争的主要内容。

基本小知识

联合国

联合国是一个由主权国家组成的国际组织。在1945年10月24日在美国加利福尼亚州旧金山签订生效的《联合国宪章》标志着联合国正式成立。在第二次世界大战前，存在着一个类似于联合国的组织国际联盟，通常可以认为是联合国的前身。联合国对所有接受《联合国宪章》的义务以及履行这些义务的“热爱和平的国家”开放。

凶顽末日

1945年8月15日中午，日本天皇向全国广播了接受《波茨坦公告》、实行无条件投降的诏书。8月19日，日本代表到达马尼拉，听取了有关签署投降书的必要指示，并收到了同盟国拟定的投降书的全文。

1945年9月2日上午9点，在日本东京湾内美国超级战舰“密苏里”号上举行了隆重的签降仪式。“密苏里”号的右舷甲板上放着一张桌子，上铺绿呢台布，桌旁设有四五个扩音器，播音时可直通美国。桌前左方排列着50位美国高级海军将领，右方排列着50位高级陆军将领。在上层甲板下面的主甲板上，排列着水兵乐队和陆战队荣誉仪仗队，都向外站立，紧靠着登舰离舰的舷梯出入口。出入口上排列着一小队精神饱满、体格健壮的水兵。

“密苏里号”战列舰

8点30分，联合国签字代表团首先到达。第一位是中国代表徐永昌将军。他向迎接的美国军官举手还礼后拾级登梯至上层甲板。接着英国、苏联、澳大利亚、加拿大、法国，荷兰、新西兰的代表陆续登梯上舰。联合国代表团在签字桌靠里的一面列队静立，徐永昌将军为首。他们表情严肃，在等待着一个无数人为之流血牺牲的庄严时刻的到来。

不久，11个身穿黑色晨礼服或黄褐色军装的日本代表登上战列舰，他们虽然面无表情，却掩饰不住内心的紧张和沮丧。走在前面的是日本外相重光葵和日本陆军总参谋长梅津美治郎，后面紧随着外务省、陆军省和海军省的各三位代表。日本代表在签字桌向外的一面，面桌列成三行，和联合国代表团隔桌对立。盟国代表用严峻的脸色来迎接他们，桌旁，舰舷和炮塔上的千百只愤怒的眼睛盯视着他们。几分钟过去了，仍然是一片寂静，这是专门为日本人准备的特殊仪式。

9 点整，麦克阿瑟上将和尼米兹海军上将步出将领指挥室。尼米兹站在徐永昌右面，立于首位。麦克阿瑟走到扩音机前高声宣布："我们主要交战国的代表，聚集在这里来缔结一项庄严的协定，以恢复和平……"日本代表肃立静听。麦克阿瑟最后转向日本代表说："我现在命令日本皇帝和日本政府的代表，日本帝国大本营的代表，在投降书上指定的地方签字。"一个日本代表出列到桌前审视那两份投降书后折回。接着重光葵代表日本天皇和政府，梅津美治郎代表帝国大本营在投降书上签字。就在这一瞬间，昭示了"大东亚共荣圈"迷梦的彻底破产，洗净了中华民族半个世纪以来的奇耻大辱。

接着，麦克阿瑟作为盟国最高统帅代表和日本作战的同盟国签字，他先请刚从日本集中营出来的两位将军——美国的温赖特（在菲律宾被俘的）和英国的白西华（在新加坡被俘的）陪他去签字。在签字时他用了 5 支钢笔：第一支写了"道格"，然后把笔递给了温赖特，第二支写了"拉斯"，他把笔递给了白西华；他用第三支笔写完"麦克阿瑟"，这支笔交给美国政府档案馆，接着又用两支笔签署了他的官衔，第四支交给西点军校，第五支送给他的夫人。随后美国代表尼米兹海军上将、中国代表徐

拓展阅读

麦克阿瑟的演讲

1951 年 4 月 19 日，麦克阿瑟在国会大厦发表了题为"老兵永不死"的著名演讲。

"我即将结束 52 年的军旅生涯。我从军是在本世纪开始之前，而这是我童年的希望与梦想的实现。自从我在西点军校的教练场上宣誓以来，这个世界已经过多次变化，而我的希望与梦想早已消逝，但我仍记着当时最流行的一首军歌词，极为自豪地宣示'老兵永不死，只是渐凋零'。"

永昌将军、英国代表福莱塞海军上将，苏联代表杰列维亚科中将以及澳、加、法、荷、新西兰等各国代表依次签了字。9点18分，签字结束。

9月2日，是一个永远值得纪念的历史性的日子。至此，日本军国主义战败投降被载入了史册，反法西斯的第二次世界大战宣告终结，历史翻开了新的一页。

中国全面抗战胜利

1945年8月15日，日本天皇以广播《停战诏书》的形式宣布无条件投降。9月2日，在东京湾美舰“密苏里”号上日本政府代表向盟国代表签署了投降书。9月9日，在南京侵华日军最高指挥官冈村宁次向中国国民党政府代表签署了投降书。至此，中国的抗日战争终告胜利结束。

冈村宁次向何应钦递交投降书

中国的抗日战争，是中华民族100多年来的无数次反抗帝国主义战争中第一次取得完全胜利的战争。战争固然使中国蒙受了重大的牺牲，莫大的耻辱，但是，中国所付出的牺牲不是无偿的，也不是等价的。战争不仅使日军付出了相当的代价，而且战争是以中国的胜利，日本的失败而结束并载入史册的。战争的胜利保全了国土，保卫了民族，并促进了民族的觉醒和提高了国家的国际威望。这就诚然如毛泽东当时就指出的那样，现在的抗日战争使中国人民付出了……重大的牺牲，但是同时，正是这个战争，锻炼了中国人民……促进中国人民的觉悟和团结的程度，是近百年来中国人民的一切伟大的斗争没有一次比得上的。它是中华民族的壮举，惊天动地的伟业。

抗日战争促进了中国革命力量的大发展。首先，战争使中国共产党政治上、理论上得以成熟。在此之前，中国共产党经历了两次胜利和两次失败(即北伐战争的胜利、土地革命的胜利和北伐战争的失败、土地革命的挫折)，留下了丰富的经验教训，但还没有来得及从政治、理论的高度加以总结，这一任务正是经过抗日战争这一新的实践而完成的，作为中国革命的政治理论的结晶的毛泽东思想就是在战争期间具备完整体系的。第二，战争促进了中国革命力量的发展。战争开始时，全国的共产党员为 4 万人，共产党领导的军队不足 6 万人，革命根据地仅存陕北，而到战争结束时，全国的共产党员发展到 121 万人，共产党领导的军队发展到 127 万人，并组建了 200 多万民兵，拥有了除陕甘宁以外的大小 18 块根据地。第三，战争使中国共产党学会和掌握了同反动派进行各种斗争的方法、艺术。这些，就为中国共产党夺取中国革命的最后胜利奠定了坚实的基础。这又诚然如周恩来在战争中就预言的那样，说不定革命是通过抗日战争而发展到取得政权的。

各界群众庆祝抗战胜利

中国的抗日战争是世界反法西斯战争的重要组成部分，为世界反法西斯战争做出了极其重大的贡献。中国的抗日战争比苏德战争早爆发四年，比太平洋战争早爆发四年半，在此期间，对日反法西斯战争主要由中国一国承担。太平洋战争爆发后，日军的主力，特别是日本陆军主力仍然为中国战场承担。据统计，太平洋战争爆发时，日本投入战争的陆军总数为 51 个师团，而其中 40 个师团 100 多万人是用于中国战场的。正是由于中国的长期抗战，消耗了日本，把上百万的日军牢牢牵制在中国战场上，才推迟了日本发动太平洋战争的时间表，牵制了日军在太平洋战争中的行动。这一点是为当时的英、美、苏等国共同承认的。在日本偷袭珍珠港的前一周，英国首相丘吉尔给美国总统罗斯福的电报中就担心“中国的崩溃将大大增加英美共同的危险”。1942 年春，美国总统罗斯福对他的儿子伊利奥说：“假如没有中国，假如中国被打垮了，你想一想有多少师团的日本兵可以因此调到其他方面作战。”苏联波斯佩诺夫著《苏联伟大卫国战争史》承认：“日本进行世界性侵略战争的不利因素之一，是日本帝国主义的力量消耗在中国……日本延迟发动太平洋战争的原因之一，也是由于中国人民的英勇斗争牵制住相当大的日本力量。”

拓展阅读

国共合作抗日 成功范例：忻口会战

忻口会战是由第二战区（司令长官阎锡山，朱德、卫立煌）指挥实施的太原会战的中心战役。战役从 1937 年 10 月 13 日至 11 月 2 日，历时 21 天。参加作战的部队有阎锡山的晋绥军、国民党的中央军和中国共产党领导的八路军（又称第十八集团军）。该战役创歼敌逾万的纪录，是国共两党团结合作、在军事上相互配合的一次成功范例。